뿌리 깊은 글쓰기

뿌리 깊은 글쓰기

처음 펴낸 날 | 2012년 1월 3일

최종규 씀

책임편집 | 박지웅

펴낸이 | 홍현숙
편집 | 조인숙, 박지웅
펴낸곳 | 도서출판 호미
등록 | 1997년 6월 13일(제1-1454호)
주소 | 서울시 마포구 서교동 339-4 가나빌딩 3층
편집 | 02-332-5084
영업 | 02-322-1845
팩스 | 02-322-1846
전자우편 | homipub@hanmail.net

표지 디자인 | (주)끄레 어소시에이츠
필름출력 | 스크린
인쇄 | 대정인쇄
제본 | 성문제책

ISBN 978-89-97322-02-2 03710
값 | 12,000원

호미 생명을 섬깁니다. 마음밭을 일굽니다.

우리 말로 끌어안는 영어

뿌리 깊은 글쓰기

최종규 씀

호미

일러두기

1) 「뿌리 깊은 글쓰기」는 '한국사람이 영어를 어떻게 즐겨쓰는가'를 살핍니다. 영어를 즐겨쓰는 한국사람 삶을 돌아보면서, 이와 같은 삶이 얼마나 아름답거나 사랑스럽거나 뜻있는가를 살핍니다. 한국사람이 한국말 아닌 영어, 곧 미국말을 사랑하거나 아끼는 모습이 얼마나 옳거나 바른가를 살핍니다.

2) 「뿌리 깊은 글쓰기」는 영어를 몰아내자고 외치지 않습니다. 영어를 받아들여 써야 할 자리라면 알맞고 즐거이 받아들여 쓰기를 바랍니다. 영어를 받아들일 까닭이 없는 자리라면 아주 마땅하게 영어 아닌 한국말을 알차고 알뜰히 쓰기를 바랍니다.

3) 「뿌리 깊은 글쓰기」는 한국사람이 영어 굴레를 털고 일어서면, 얼마든지 신나게 놀이하듯 글을 쓰거나 말을 하는 삶을 일굴 수 있다는 이야기를 나누려 합니다. 이런저런 영어는 반드시 안 써야 한다는 소리가 아니라, 이런저런 영어까지 굳이 쓰는 마음이란 얼마나 가난하거나 슬픈가 하는 소리입니다.

4) 「뿌리 깊은 글쓰기」에 실은 낱말풀이는 국립국어원 표준국어대사전과 네이버 영어사전 두 가지를 살펴서 밝힙니다.

5) 「뿌리 깊은 글쓰기」는 '우리 말'과 '우리 나라'를 띄어서 적습니다. '우리 얼'과 '우리 옷'을 띄어서 써야 올바르기 때문입니다. '영어'와 '미국말'을 섞어서 쓰기도 합니다. 한 가지로 그러모을 수 있지만, 이야기하는 자리에 따라 두 가지로 쓸 때가 한결 나을 수 있다고 느꼈기 때문입니다.

6) 「뿌리 깊은 글쓰기」를 지식책으로 삼지 않으면 고맙겠습니다. 내 삶을 일구면서 내 사랑을 살찌우고 내 말글을 보듬는 길동무책으로 삼아 준다면 반갑겠습니다.

7) 「뿌리 깊은 글쓰기」는 잘못 쓰는 영어 말투를 바로잡는 이야기를 펼치지 않습니다. 사람들이 잘못 쓰는 영어 이야기를 다루지만, 사람들 스스로 놓치는 '아름다이 사랑할 우리 말' 이야기에 눈길을 둡니다.

머리말

뿌리 깊은 글쓰기

「생각하는 글쓰기」와 「사랑하는 글쓰기」에 이어 「뿌리 깊은 글쓰기」입니다. 「생각하는 글쓰기」에서는 '살려쓰면 좋을 우리말'을 생각했습니다. 「사랑하는 글쓰기」에서는 '잘못 쓰는 겹말'을 살피면서 내 말글을 사랑하는 길을 찾으려 했습니다. 「뿌리 깊은 글쓰기」에서는 '한겨레가 영어를 예쁘게 사랑하는 길'을 돌아보면서, 영어 아닌 한국말로 놀이를 즐기듯 착하고 어여삐 말삶을 일구는 꿈을 헤아리고 싶습니다. 한겨레 스스로 한국말을 예쁘게 사랑하면서 영어 또한 예쁘게 받아들이는 길을 살피고 싶어요.

오늘을 살아가는 한국사람한테 가장 모자란 대목을 짚으면서 한국말과 한국글을 톺아보자는 이야기를 나누고 싶기에 글을 씁니다. 처음에는 '생각'이 모자라다고 느꼈고, 다음으로는 '사랑'이 모자라다고 느꼈으며, 이제는 '뿌리'가 모자라다고 느낍니다.

그러니까, 생각이 모자라기 때문에 동주민 '센터'라는 이름이 생깁니다. 사랑이 모자란 탓에 영어시험점수가 높게 나온다지만 막상 영어로 '어떤 내 이야기와 꿈과 사랑'을 나라밖 사람하고 나누어야 즐거운가 하는 대목을 깨닫지 못합니다. 뿌리가 모자란 나머지 영어 배우는 데에는 품과 겨를과 돈을 쏟아붓지만, 정작 내 이웃과 동무와 살붙이하고 오순도순 이야기를 나눌 틈이 거의 없는 삶흐름이에요.

대학교 국어국문학과를 나온다든지, 우리 말글 강좌를 찾아 듣는다든지, 좋거나 훌륭한 '우리 글 바로쓰기' 책을 장만하여 읽는다 해서 내 말솜씨가 늘지 않습니다. 대학교 졸업장이나 강좌나 책은 내 말삶을 북돋우지 않습니다.

대학교를 나오지 않아도 생각하는 삶일 때에는 내 말을 살찌웁니다. 강좌나 강의를 찾아 듣지 않더라도 사랑하는 넋일 때에는 내 글을 보살핍니다. 책을 읽지 않는달지라도 내 보금자리 따사로이 돌보는 뿌리를 알 때에는 내 이야기를 일굽니다.

부디 착하고 참다우며 고운 삶을 사랑할 줄 아는 사람으로 살아가는 한겨레이면 좋겠습니다. 조용히 내 보금자리와 내 마을을 아낄 수 있으면 좋겠습니다. 다툼이나 미움이나 치고받기가 아닌 어깨동무나 사랑이나 믿음이면 좋겠습니다. 점수따기나 1등싸움이나 공무원 되기를 바라는 영어공부에 휘둘리지 않으면 좋겠습니다. 내 벗님하고 사랑을 나누려는 예쁜 몸짓으로 내 말과 넋을 어루만질 수 있으면 좋겠습니다. 예쁜 몸짓 그대로 예쁜 말짓과 글짓을 다스리는 길을 천천히 함께 찾으면 좋겠습니다. 더 잘나거나 더 못난 말이 아니라, 더 아름답거나 더 슬기로운 말을 보듬고 싶습니다.

저는 이 작은 책 「뿌리 깊은 글쓰기」에서 모든 말길이나 삶길을 보여줄 수 없습니다. 108가지 자그마한 이야기를 들려줄 뿐입니다. 이 108가지 이야기가 밑돌이 되어 108만 가지 말마디를 저마다 다 다른 자리에서 저마다 다 다른 빛깔과 무늬와 내음으로 아름다이 돌보며 가꿀 수 있기를 꿈꿉니다.

시골집에서 둘째 똥기저귀를 빨래하다가 살짝 일손을 쉬면서 적습니다. 후박나무 잎사귀 스치는 보드라운 바람이 네 살 첫째 아이 머리결을 스치며 포근한 이야기 한 자락 베풉니다.

딸 사름벼리와 아들 산들보라 아버지 최종규.

차례

우리 말로 끌어안는 영어

뿌리 깊은 글쓰기

고티 스타일goatee style 001

수염은 고티(염소) 스타일로 길렀다. 29세의 젊은 사진가인 프레드는 얼굴에 미소가 가득한 "해피한" 청년이었다. 현재 5년 연상의 여자친구와 살고 있는데, 곧 딸이 태어날 거라며 즐거워했다.

「정은진의 희망분투기」 112쪽, 정은진, 홍시 2010

"29세歲의 젊은 사진가"는 "스물아홉 살인 젊은 사진가"나 "나이 스물아홉인 젊은 사진가"로 다듬고, "미소微笑"는 "웃음"으로 다듬습니다. "해피happy한"은 "즐거운"으로 손보고, "청년青年"은 "젊은이"로 손봅니다. "현재現在 5년五年 연상年上의 여자친구와 살고"는 "요즈음 다섯 살 손위 여자친구와 살고"로 손질하고, "태어날 거라며"는 "태어난다며"로 손질해 줍니다.

보기글을 곰곰이 살피면 글 끝에 "즐거워"라 적어 놓는데, 글 가운데에는 "해피한"이라고 적으며 따옴표까지 칩니다. 굳이 영어를 써야 할 까닭이 없는데다가 따옴표를 칠 일 또한 없는데 이렇게 글을 씁니다. 사진쟁이 프레드한테 영어로 "해피"라는 다른 이름이 있는지 모를 노릇이지만, 이 대목에서는 "웃음 가득한 '즐거운' 젊은이였다"라 하거나 "웃음 가득한 '밝은' 젊은이였다"라 적어야 올바릅니다.

꽤 흔히 쓰는 영어 "해피"라 하더라도 글을 쓰는 사람은 이런 영어를 함부로 써서는 안 됩니다. 예전에 한동안 "해피 라면"이 나온 적이 있기도 한데, 물건이름에든 책이름에든 건물이름에든 쉬운 영어일수록 되도록 더 안 쓰도록 마음을 기울여야 합니다. 왜냐하면, 쉬운 영어라 할 때에는 이런 쉬운 영어하고 맞서는 쉬운 우리 말이 있거든요. "즐거운"이나 "기쁜" 같은 우리 말을 안 쓰고 "해피한"을 써야만 할까요. "밝은"이나 "신나는" 같은 우리 말로 내 마음이나 느낌을 넉넉히 담아낼 수 있습니다.

생각을 담는 말임을 곱씹고, 생각을 나누는 말임을 되돌아보며, 생각을 북돋우는 말임을 톺아볼 수 있어야 합니다.

"고티goatee"는 "염소 수염"을 뜻하는 영어입니다.

수염은 고티(염소) 스타일로 길렀다

→ 수염은 염소 수염처럼 길렀다

→ 염소 수염 모양으로 길렀다

→ 염소 같은 수염을 길렀다

→ 염소 수염처럼 수염을 길렀다

→ 염소 수염을 하고 있었다

→ …

지난 2010년 5월 첫머리에 한겨레신문사에서 잡지를 하나 새로 내놓았습니다. "신개념 경제 매거진"이라는 작은이름을 달고, 잡지이름은 "Economy Insight"라 붙입니다.

1988년에 처음 태어난 신문이름에는 "한겨레"라는 우리 이름을 붙였으나, "씨네21"이나 "허스토리"에 이어 "이코노미 인사이트"까지 온통 외국말 사랑에 젖어든 이름을 붙입니다. 한겨레신문은 한글만 쓰겠다고 밝힌 신문이면서도 이런 잡지이름 붙이는 매무새를 보면 아주 슬픕니다.

제 누리편지로 온 잡지 창간 소식을 살피면 "미디어마케팅"을 하는 곳에서 잡지 받아보는 일을 맡으며, 잡지를 받아보고 싶으면 "우측 신청 버튼 클릭"을 하라고 적습니다. 편지 아래쪽에는 수신거부를 알리는 글월이 적히는데, 나라밖 사람한테 도움이 되고자 "Refuse"라고 따로 적는군요. 정작 편지는 한글로만 적었으니까, 나라밖 사람이 읽을 수 없는데 말이지요. 더욱이, 한겨레신문 다른 매체를 알리는 말마디로 "SITE INFO"라는 영어를 씁니다.

신문 한 가지만 탓할 수 없고, 잡지 하나만 나무랄 수 없습니다. 한겨레신문이 더 잘못하거나 엉터리이지 않습니다. 오늘날 우리 나라 신문이나 잡지를 돌아보면 외국말을 버젓이 쓰는 매체가 얼마나 많습니까. 이름만 외국말일 뿐 아니라 글월로 적는 자리에까지 아예 영어로 쓰는 데는 오죽 많은지요.

말뜻을 생각한다면 "우먼센스"나 "레이디경향"은 참 볼꼴사납습니다. "여자 느낌"이요 "경향 아가씨"이란 소리인데, 우리 말로 잡지이름을 삼으면 얕잡히거나 어설프다고 여기는 마음일까요. "시사저널"이나 "시사in"은 잡지이름으로 보면 어느 쪽이 낫다 할 만한지 궁금합니다. 왜 우리는 "영화"라고는 말하지 못하고 "KINO"라든지 "FILM 2.0"이라고만 이름을 붙이는지 모르겠습니다.

1950년대, 1960년대에 우리 나라에 "포토그라피"라는 사진잡지가 있었고, 2000년대에는 "PHOTONET"이라는 사진잡지가 있었습니다. "ILLUST"는 그림을 이야기하는 잡지입니다. 그러고 보니, 한겨레신문에서 만화잡지를 만들면서 붙인 이름은 "신개념 만화잡지 '팝툰'"이었군요.

생각을 조금 더 이으면, 신문과 잡지뿐 아니라 방송 또한 우리 말을 아끼거나 사랑하지 않습니다. 한국방송이나 문화방송이나 교육방송이나 기독교방송이나 불교방송이라고들 이야기하지 않습니다. 케이비에스나 엠비시나 이비에스나 시비에스나 비비에스라 합니다. 글로 적을 때에는 그저 KBS, MBC, EBS, CBS, BBS입니다. 연합뉴스라는 곳은 연합뉴스가 아니라 와이티엔이거나 YTN입니다. 한국에서뿐 아니라 한국 바깥으로 뻗어나가려는 얼을 담아 영어로 방송사 이름을 붙였다 할 텐데, 한국 바깥으로 뻗어나가는 자리에 쓰는 영어는 영어대로 쓰면서, 한국 안쪽에서 사람들하고 오순도순 나누려는 말마디는 오순도순 쓸 수 있도록 옳고 바르게 가다듬을 노릇이 아니랴 싶습니다. 바른 언론이 되고자 한다면 바른 넋을 품고 바른 취재를 하여 바른 기사를 써야 하는데, 바른 기사란 바른 삶을 바탕으로 바른 말로 펼쳐야 합니다. 바른 말이지 않고 바른 삶이지 않으며 바른 넋이지 않은 채 바른 기사를 쓸 수 있을는지요. 바른 글하고 동떨어지고 바른 생각하고 등돌리며 바른 사람하고 어깨동무하지 않으면서 바른 매체로 뿌리내릴 수 있을까요.

지식을 다루거나 말하는 자리에 있는 분들부터 지식을 담은 말과 글을 얄딱구리하게 쓴다고 하겠습니다. 이 얄딱구리한 말매무새를 제대로 깨달으며 알맞고 싱그러이 추스르려는 분이 아주 드물다고 하겠습니다. 이리하여, 염소 수염을 이야기하는 자리에서 "염소 수염"이라고 말하지 못합니다. "염소 수염"을 뜻하는 영어 "고티goatee"인데 "고티 수염"이라고 말하는 기자들마저 있습니다.

신문이름과 잡지이름과 방송이름을 비롯해, 신문과 잡지와 방송에서 쓰는 말마디 모두 아름답지 못한 셈입니다. 아름다운 말을 자꾸자꾸 내치고, 아름다운 마음을 자꾸만 잊으며, 아름다운 삶을 그예 사귀지 않고 있습니다.

굿타이밍good timing 002

소장님 집에 간 건 정말 굿타이밍이었지 뭐예요.

「음주가무연구소」 131쪽, 니노미야 토모코 /고현진 옮김, 애니북스 2008

"집에 간 건"은 "집에 간 일은"으로 다듬고, "정正말"은 "참말"로 다듬어 줍니다.

굿타이밍이었지 뭐예요
→ 때맞춰 잘 왔지 뭐예요
→ 딱 알맞게 왔지 뭐예요
→ 기막힌 때에 왔지 뭐예요
→ …

미국말인 "굿good"입니다만, 미국말이 아닌 한국말처럼 두루 쓰입니다. "때맞춤"이나 "적기適期"로 고쳐써야 한다는 "타이밍"입니다만, 국어사전에서 "타이밍"이라는 영어를 찾아보니 보기글까지 하나 실리는데, 이 보기글 "나는 천천히 타이밍을 했다"는 소설쟁이 이병주 님 작품에서 땄다고 합니다. 문학을 하는 분들이 "타이밍"이라는 미국말을 당신 소설에까지 써야 했을까 싶으나, 우리 말씀씀이가 이 모양입니다.

국어사전 보기글을 살피다가 피식 웃음이 나옵니다. "타이밍이 잘 맞은 적시타"라는 보기글 때문입니다. "적시타適時打"란 "알맞춤한 때에 나온 안타"입니다. "타이밍"을 "적기"로 고쳐야 한다고 국어사전이 풀이했지요? 그러면 "타이밍이 잘 맞은 적시타"란 "적기가 잘 맞은 적시타"라는 소리가 될 테니까, 엉뚱한 겹말인 셈입니다. 같은 말을 세 차례 되풀이하는 뚱딴지 소리입니다. 또 "정책이 성공하려면 타이밍이 중요하다"는 보기글도 손봅니다.

타이밍이 잘 맞은 적시타 → 알맞은 때 맞춰서 나온 안타
성공하려면 타이밍이 중요하다 → 잘되려면 때를 잘 맞춰야 한다

때를 잘 살펴서 써야 하는 말입니다. 곳을 잘 헤아리며 써야 하는 글입니다. 때와 곳을 제대로 가누지 못하면서 하는 말이나 쓰는 글은, 말하거나 글쓰는 이 스스로한테도 나쁘고, 말을 듣거나 글을 읽는 이한테도 나쁩니다. 알맞은 말, 알맞춤한 글이 되도록 마음을 기울일 노릇입니다.

소장님 집에 좋은 때에 왔다

소장님 댁에 잘 때맞추어 왔다

소장님 댁에 온 때가 참 좋았다

→ …

그린green 003

6월 6일, / 내린 처방은 그린 농법 / 꽃이 잘 피기 위해서 / 내 살 가루를 뿌리는 일이다.

「포도 눈물」 14쪽, 류기봉, 호미 2005

"꽃이 잘 피기 위爲해서"는 "꽃이 잘 피게 하려고"나 "꽃이 잘 피자면"이나 "꽃이 잘 피도록 하자면"으로 다듬어 봅니다.

그린 농법
→ 푸른 농법 / 풀빛 농법
→ 깨끗한 농법 / 약 안 쓰는 농법
→ …

자연 삶터가 아슬아슬합니다. 아슬아슬한 자연 삶터이지만, 자연 삶터가 아슬아슬한 줄 느끼거나 깨닫는 사람은 몹시 적습니다. 아슬아슬하다 못해 벼랑으로 내몰리다가 굴러떨어진다 한들, 눈여겨보거나 안타까워하지도 않습니다. 그저 자연 삶터가 더 무너지거나 내밀리도록 나아갈 뿐입니다. 공장 탓도 경제성장 탓도 아니요, 몇몇 정치꾼이 일으키는 끔찍한 토목건축 때문만도 아니지만, 생태와 환경 문제가 무엇인지를 곰곰이 들여다보거나 되씹을 줄 아는 사람이 참으로 적습니다.

이러는 사이, 환경과 생태를 걱정한다는 분들 목소리는 자그맣게나마 나오며, 이러한 목소리는 으레 "녹색綠色"이라는 일본 한자말로 모두어집니다. 요즈음은 "그린green"이라는 미국말로 뭉뚱그려집니다.

자연 삶터를 무너뜨리며 만드는 물건에도 "그린"이라는 이름이 달리고, 한 번 쓰고 버리는 물수건에도 "그린"이라는 이름이 붙습니다. 우리네 국어사전에서는 "그린"이라는 미국말을 실으면서 "골프에서, 홀 주변에 만든, 퍼트를 하기 위한 잔디밭"이라는 풀이말까지 달아 놓습니다.

푸르다

그린 / 綠色, 草綠

가만히 생각해 보면, 우리 말 "푸르다"에는 수많은 뜻이 담깁니다. 풀 빛깔을 가리키는 "푸르다"이지만, 마음이 푸르다고 할 때에도 쓰고, 사람을 가리키며 푸르다고도 합니다. 보기글을 따온 싯말에는 "그린 농법"이라 나옵니다만, 이 시를 쓴 분이 "푸른 농법"이라고 시를 썼다면, 이 글월을 미국말로 옮길 때에 "green"이라 적을 테지요. 그러면, 한국사람이 한국말로 쓴 시에 "그린 농법"이라 했다면, 이 시를 미국말로 옮길 때에는 어찌 될까요. 미국말로 옮겨진 시를 읽을 나라밖 사람들은 무엇을 느끼거나 생각할까요.

농사짓기가 푸른 일이 되자면?

→ 풀약을 치지 않으면서 풀을 살려야 한다

→ 화학비료나 항생제를 치지 않으면서 우리 모두를 헤아려야 한다

→ 열매를 거둘 때뿐 아니라 농사를 지을 때에도 깨끗해야 한다

→ …

땅을 생각하고 곡식을 생각하며 사람을 생각하는 농사짓기가 무엇인가를 차근차근 돌아보면 좋겠습니다. 있는 그대로 돌아보고 느끼는 그대로 글로 옮길 수 있으면 좋겠습니다.

나이브naive 하다 004

아직 세상 물정을 모르는 나이브naive한 사고를 가진 그들은 영화에서 원조교제를 하는 행위를 정당화하면서, 비수밀다가 그랬던 것처럼 다른 남자와 성행위를 체험하고 그 속에서 자신의 정체성을 찾아간다.

「영화가 사랑한 사진」 69쪽, 김석원, 아트북스, 2005

"세상 물정物情을 모르는"은 그대로 두어도 되나, "물정物情"이란 "세상의 이러저러한 실정이나 형편"을 가리키니 겹말인 셈입니다. "세상을 모르는"이나 "물정을 모르는"이라고만 적어야 합니다. "사고思考를 가진"은 "생각을 하는"으로 다듬는데, 이 자리에서는 "-하게 생각하며 사는"이나 "-하게 살아가는"으로 다듬어도 잘 어울립니다. "원조교제를 하는 행위行爲를 정당화正當化하면서"는 "원조교제를 정당하다고 내세우면서"나 "원조교제가 나쁘지 않다고 말하면서"로 손보고, "그랬던 것처럼"은 "그랬듯이"로 손봅니다. "체험體驗하고"는 "하고"로 손질하거나, "성행위性行爲를 체험하고"를 "살을 섞고"나 "몸을 섞고"로 손질합니다. "그 속에서"는 "그러면서"로 고쳐쓰는데, 앞말과 묶어 "살을 섞으면서"나 "몸을 섞으면서"로 고쳐써도 됩니다. "자신自身의 정체성正體性을"은 "제 모습을"이나

"제 참모습을"이나 "내가 누구인가를"로 고쳐 줍니다.

세상 물정을 모르는 나이브naive한 사고를 가진

→ 세상을 모르는 물렁한 생각으로 살아가는

→ 세상을 모르는 철부지처럼 살아가는

→ 세상을 모르는 바보 같은

→ …

세상을 모르는 생각이라 한다면 말 그대로 "세상 모르는 생각"일 터이니, 이 보기글에서는 "세상을 모르는 생각인 그들은"으로 손보거나 "세상을 모르는 그들은"처럼 적으면 됩니다. 보기글을 가만히 되읽어 보니, 이렇게 단출하게 적으면 한결 낫구나 싶습니다. "아직 세상을 모르는 그들은 영화에서 원조 교제가 나쁘지 않다고 말하면서, 바수밀다가 그랬듯이 다른 남자와 살을 섞으면서 내가 누구인가를 찾아간다"로 고쳐쓸 수 있습니다. 굳이 이 보기글처럼 말을 길게 늘어뜨릴 까닭이 없습니다. 갖가지 꾸밈말을 끼워넣지 않아도 됩니다.

손쉽게 적으면 됩니다. 말하는 사람부터 손쉽게 말하고, 듣는 사람 누구나 손쉽게 들을 수 있도록 하면 됩니다. 괜한 말치레는 걷어치우고 빛나는 알맹이를 환하게 밝혀 주면 좋습니다.

세상을 모르고 생각이 어린

세상을 모르며 생각이 얕은

세상을 모르며 생각이 어줍잖은

…

꼭 어떤 꾸밈말을 넣어야겠다면, 어떠한 꾸밈말이 알맞을까를 깊이 살펴보고 널리 헤아려 봅니다. 어줍잖게 영어 나부랭이를 늘어놓아야 할 까닭은 없습니다.

세상을 모르는 생각이라 한다니, 철없거나 철부지 같은 생각일 텐데, 이런 생각은 참 물렁물렁합니다. 아직 단단히 여물지 않았기에 세상을 모를 뿐 아니라, 아직 배우고 받아들일 이야기가 많기에 말랑말랑 물렁물렁 하다고 할 테지요.

한 마디로 하자면 "생각이 어립"니다. "생각이 얕"아요. "생각이 모자라"다고 할 수 있습니다. "생각이 없"다고 해 볼 수도 있겠지요. 또는 "생각을 잃"었다고 해야 할는지 모릅니다. 아이들 스스로 생각이 처음부터 없었다기보다 어른들 때문에 생각을 버리거나 빼앗기거나 놓친 셈이기도 하니까요.

나이트 스쿨night School 005

작은 등불 하나에 의지해, 맨땅에 앉아 칠판을 마주하고 빙 둘러 앉은 아이들. 책상이나 의자는커녕 하늘을 가릴 천막도 없이 밤하늘 아래 등불 하나를 밝히고 아이들을 가르치는 곳, 그것이 나이트 스쿨이었다.

「희망을 여행하라」 407쪽, 이매진피스 임영신, 이혜영, 소나무 2009

"의지依支해"는 "기대"로 다듬고, "의자椅子"는 "걸상"으로 다듬어 줍니다. "가르치는 곳, 그것이"는 "가르치는 곳이 바로"나 "가르치는 곳, 이곳이 바로"로 고쳐씁니다. 이러한 글을 쓰고 싶다면 쓸 수 있겠지만, 이와 같은 말투는 영어 말투이지 우리 말투가 아닙니다.

그것이 나이트 스쿨이었다

→ 이곳이 야학이었다

→ 이곳이 밤학교였다

→ 이곳이 밤배움터였다

→ …

나라밖으로 공정여행을 다녀온 사람들이 몸소 겪었다는 "나이트 스쿨"을 이야기하는 대목을 책으로 읽다가 한동안 책을 덮고 생각합니다. 지난날 우리들은 "야학"이라고 이야기했는데, 1960년대에서 1980년대 사이에 우리 나라로 공정여행을 왔을 나라밖 사람들은 한국땅에서 펼쳐지던 "야학"을 일컬어 무엇이라고 이야기했을까 하고.

나라밖 사람들은 한국땅 사람들이 밤을 잊은 채 가르치고 배우는 뜨거운 가슴들을 바라보며 "야학ya-hak"이라 이야기했을까요. "나이트 스쿨night School"이라 이야기했을까요.

나라밖 어느 곳에선가 이루어진다는 "나이트 스쿨"이란 이곳 아이들과 교사가 붙인 배움터 이름일는지, 아니면 그냥 영어로 한국사람들만 일컫는 이름일는지 궁금합니다. 나라밖 어느 곳에선가 열린 배움터에 붙은 이름이 "나이트 스쿨"이기 때문에 이 이름을 고유명사로 여겨야 마땅할는지, 이와 같은 배움터 이름은 "야학"이라든지 "밤학교"라든지 "밤배움터"라 옮겨적어야 마땅할는지 궁금합니다.

달빛 배움터

별빛 배움터

저녁 배움터

…

멧기슭부터 멧꼭대기까지 촘촘하게 들어선 가난한 사람들

살림집을 놓고 누군가는 "판자집"이라 하고 누군가는 "철거민촌"이라 하며 누군가는 "빈민촌"이라 합니다. 그런데 또다른 누군가는 "달동네"나 "산동네"라 했습니다.

그리 높은 산은 아닐지라도 산을 끼고 살아가는 사람들 터전이니 말 그대로 "산동네"입니다. 달을 마주하거나 바라보거나 등에 지며 살아가는 터전이라 할 만하니 "달동네"입니다.

똑같은 마을이나 동네이지만, 어느 자리에서 어떤 눈썰미로 바라보고자 하느냐에 따라서 붙이는 이름이 달라집니다. 누군가한테는 몹시 꾀죄죄하거나 낡아 보일지라도, 누군가한테는 더없이 사랑스러우며 살가울 수 있거든요.

나이트스쿨 / 서머스쿨 / 비지니스스쿨

나이트파티 / 나이트클럽

오늘을 살아가는 우리들은 한 마디로 말하여 "영어 중독"에 걸린 모양새가 아니랴 싶습니다. 여름에 배우는 터전이라면 "여름학교"라든지 "여름배움터"나 "여름배움마당"이라 하면 넉넉합니다. "서머스쿨"이라 할 까닭이 없습니다.

대학에서 "경영 대학원"을 굳이 "비즈니스스쿨"이라 하는 까닭을 모르겠습니다. 또 상업을 가르치니까 말 그대로 "상업학교"입니다. 상업학교를 영어로 "비즈니스스쿨"이라 고쳐서 쓴다고 해서 나아지거나 달라지거나 거듭날 까닭이 없습니다. 껍데기만 달리 씌운다고 알맹이가 달라지지 않습니다. 아니, 영어로 껍데기를 씌운다 해서 아름다워지거나 훌륭해지거나 멋있어지지 않아요. 인천에는 "비즈니스고등학교"라는 간판을 내붙인 곳마저 있는데, 인천에 있는 "비즈니스고등학교"는 몇 해 앞서까지 "선화여자상업학교"였습니다. 적잖은 "상업학교"가 "정보통신학교"라든지 "정보고등학교" 같은 이름으로 옷을 갈아입었는데, 아예 영어로 학교이름을 짓는다 해서 세계 눈높이에 걸맞는다든지 국제 시대에 발맞춘다고 할 수 없습니다.

"밤잔치"라 하면 시골스럽다 여기며 "나이트파티"라고들 일컫습니다. "밤놀이터"라 하면 우스꽝스럽다 생각하여 "나이트클럽"이라고들 말합니다.

가만히 보면, "공부"를 한다고 말하지 않고 "스터디study"를 한다고 말하는 공부벌레들이 꽤 많습니다. "스터디 그룹"을 짠다느니 "스터디 공간"을 찾는다느니 이야기하기도 하는데, 왜 "잉글리쉬 스터디"라고는 않고 "영어 스터디"라고 하는지 살짝 궁금할 때가 있습니다. 그렇게 영어가 좋으면 송두리째 영어로만 말하며 살 노릇 아니겠습니까.

노크knock 006

그때 방문을 노크하는 소리와 함께 사복 경찰관 한 사람이 조심조심 얼굴을 들이밀었다.

「그날을 기다리는 마음」 13쪽, 한승헌, 범우사 1991

"조심조심操心操心"은 "쭈뼛쭈뼛"이나 "살금살금"이나 "엉거주춤"이나 "머뭇머뭇"으로 다듬어 봅니다.

방문을 노크하는 소리
→ 방문을 두드리는 소리
→ 똑똑 하는 소리
→ …

중학교에 들어가 영어를 배운 뒤로 "노크knock"라는 말을 처음 썼습니다. 텔레비전 연속극이나 만화에서도 흔히 "노크"라고 나왔고, 막 배운 영어 "노크"는 집이나 학교나 다른 어디에서나 스스럼없이 쓰는 말이었습니다.

요사이는 초등학교 때부터 영어를 가르치니까, 퍽 많은 이들이 어릴 적부터 "노크"를 아무렇지 않게 쓰리라 봅니다. 어른 스스로 아이 앞에서 이 말마디를 손쉽게 내뱉으니, 꼭 어릴 때부터 영어를 배우지 않더라도 익숙하게 받아들이리라 봅니다.

가만히 보면, 아이들이 "노크"라는 말을 스스럼없이 쓸 때에, "저런, 그런 말은 알맞지 않구나" 하면서 바로잡거나 추스르는 어른이 거의 없습니다. 바로잡아 주거나 추슬러 주어야 한다고 생각하기는커녕 마땅히 써야 하는 말마디로만 여깁니다.

"들어올 때에는 똑똑 해야지" 하고 말하는 어른이나 "문 좀 두드리고 들어 와" 하고 말할 줄 아는 어른이 아예 없지는 않으나 퍽 드물고, 자꾸자꾸 줄어듭니다. 어른들 스스로 옳게 말하려 하지 않으니, 아이들 앞에서 옳은 말을 알맞게 가르치지 못합니다. 어른들 스스로 먼저 옳게 살아갈 때에 비로소 옳게 생각하고 옳게 말할 텐데, 어른들은 아이들 앞에서 온갖 겉치레로 착한 척은 다하지만, 정작 착한 삶도 착한 생각도 착한 말도 펼쳐 보이지 못합니다.

국어사전 보기글 고치기

노크knock

방에 들어가기 앞서 문을 가볍게 두드려서 인기척을 내는 일

- 노크 소리
- 노크도 없이 침입한 건 아래층 주인 노파였다

노크 소리 → 똑똑 소리 / 문을 두드리는 소리

노크도 없이 → 난데없이 / 갑작스레

다운로드download 007

이 서류는 시도교육청의 홈페이지에서 다운로드를 받을 수도 있고, 해당 학교에서 구할 수 있다.

「마이너리티의 희망노래」 78쪽, 정창교, 한울림 2004

"해당該當 학교에서 구求할"은 "학교에서 받을"로 풀어냅니다. "그 학교에서 얻을"로 풀어내어도 괜찮습니다.

홈페이지에서 다운로드를 받을 수도 있고

→ 홈페이지에서 내려받을 수도 있고

→ 홈페이지에서 받을 수도 있고

→ …

세계 구석구석을 잇는 인터넷을 할 때에 꼭 미국말을 써야 한다고는 생각하지 않습니다. 인터넷으로 나라밖 사람과 이야기를 나눌 때라면 미국말이나 다른 나라 말을 써야겠지만, 나라안 사람들과 이야기를 나누거나 자료를 주고받을 때에는 우리 말로 넉넉하다고 느낍니다.

파일을 "받는" 일을 "다운로드download"라 일컫고, 파일을 "올리는" 일을 "업로드upload"라 합니다만, 미국말로 할 때에

"다운로드"와 "업로드"이고, 우리 말로 할 때에는 "받고"와 "올리고"입니다. 미국사람한테 "파일을 보낼게요" 하고 이야기를 건네야 하는 자리라면 "업로드"를 한다 말하고, 그이가 파일을 받기를 바라면 "다운로드"를 하라 말하면 됩니다. 한국땅에서 내 동무나 이웃하고 파일을 주고받을 때에는, 또 일 때문에 뭇 사람과 파일을 주고받을 때에는 "보내고-받고"라 하면 되고, "올려놓고-내려받고"라 하면 됩니다.

내리다 / 내려받다 / 받다

올리다 / 올려놓다 / 주다

국어사전에도 실린 "다운로드"라는 낱말을 가만히 헤아려 봅니다. "파일을 받아 오는" 일을 "다운로드"라고 가리킨다고 나옵니다. 그렇다면, 보기글처럼 "다운로드를 받을"은 겹치기로 잘못 쓴 셈입니다. "파일을 받아 옴을 받을" 꼴이 되니까요.

그렇지만, 우리 말을 우리 말답게 쓰지 못하면서 잘못되거나 그릇된 말투를 아무렇지 않게 받아들이거나 술술 내뱉는 사람들은, "다운로드" 같은 미국말 한 마디를 쓰면서도 겹말로 잘못 쓰는 줄 느끼지 못합니다. 그냥 씁니다. 그예 씁니다. 버젓이 씁니다. 버릇대로 씁니다.

올바르게 쓰는 말과 글이 올바르게 품는 생각이 되는 줄 깨닫지 못합니다. 올바르게 품는 생각 하나가 올바르게 온누리를 보는 눈이 되는 줄 살피지 못합니다. 올바르게 온누리를 보는 눈 하나가 차츰차츰 온누리를 바꾸는 힘으로 모두어지는구나 하고 헤아리지 못합니다.

뿌리 없는 나무가 없으나, 스스로 뿌리를 뻗지 않으면서 줄기만 올리거나 빨리빨리 꽃만 피우려 합니다. 넋없고 얼없을 뿐 아니라 생각없고 마음없는 자리에는 속없고 사랑없으며 믿음없는 줄을 조금도 느끼지 못합니다.

촬영한 이미지를 컴퓨터에 다운로드하고

→ 찍은 사진을 컴퓨터에 옮기고

→ 찍은 사진을 컴퓨터에 담고

→ 찍은 사진을 셈틀에 갈무리하고

→ …

다크dark 008

태어날 때부터 허스키한 목소리였지만 고음에 문제가 없었는데, 학원 강사를 2년쯤 하고 나니 다크허스키에 "고음 불가"가 되어 버렸다.

「다시, 칸타빌레」 32쪽, 윤진영, 텍스트 2009

"허스키husky한"은 "쉰 듯한"이나 "칼칼한"으로 다듬고, "고음高音에 문제問題가 없었는데"는 "높은소리에 어려움이 없었는데"나 "높은소리를 잘 냈는데"로 다듬습니다. "2년二年쯤"은 "두 해쯤"이나 "이태쯤"으로 손보고 "고음 불가不可"는 "높은소리는 꽝"이나 "높은소리는 못 내게"로 손봅니다.

다크허스키에

→ 몹시 쉰 듯한 목소리에

→ 아주 칼칼한 목소리에

→ 무척 거친 목소리에

→ 참말 새된 목소리에

→ 퍽 텁텁한 목소리에

→ …

빛깔이 까무잡잡한 초콜릿이 있습니다. 초콜릿이라면 으레 까무잡잡하기 일쑤인데, 여느 초콜릿보다 카카오를 많이 넣어 한결 까무잡잡한 초콜릿이 있습니다. 우리는 이 초콜릿을 가리키며 "다크초콜릿"이라 말합니다. "까만초콜릿"이나 "짙은초콜릿"이라고는 가리키지 않습니다.

파랑빛이 여느 파랑보다 짙을 때에도 "짙은파랑"이라 하지 않고 "다크블루darkblue"라 하는 우리입니다. "다크레드"와 "다크옐로우" 같은 영어 빛이름을 쓰는 사람들도 있는지 모르겠습니다만, "다크그린"이나 "다크그레이"나 "다크블랙" 같은 영어 빛이름 또한 널리 쓰는 사람들이 어쩌면 제법 많을는지 모릅니다.

저처럼 영어사랑 흐름에 발맞추지 않는 사람한테는 "다크서클"이라는 말마디가 무척 낯섭니다. 누군가 제 앞에서 "다크서클"이라는 말마디를 처음 뇌까렸을 때, 저는 무슨 이야기를 하는지 못 알아들었습니다. 아주 한참을 지나고 나서야 "다크서클"이 "까만 눈 밑"을 가리키는 줄 알았습니다. 몸이 여위었다든지 햇볕을 제대로 못 쬐었다든지 잠을 제대로 못 이루었다든지 일을 몹시 고되게 했다든지 하면서 눈 밑이 거무스름하게 된 모양새인데, 이 모양새를 가리켜 영어로 "다크서클"이라 해도 맞기는 맞겠지만, 왜 이렇게 가리켜야 하는지 아직 잘 모르겠습니다. 그냥, 예부터 익히 말해 왔듯이 "눈 밑이 검네"라든지 "퀭하네"라 해도 넉넉하지 않으랴 싶습니다.

반드시 "까만 눈 밑"을 가리키는 한 낱말을 써야 할까 궁금합니다. 한 낱말로 "까만 눈 밑"을 가리켜야 한다면, 영어로만 한 낱말을 삼아야 하는지 궁금합니다. 우리 깜냥껏 우리 말을 생각하면서 한 낱말로 빚어낼 수는 없는지 궁금합니다. 우리 둘레에, 아니 이 나라에 똑똑하고 잘난 분들이 그토록 많은데, 이 똑똑하고 잘난 머리로 "까만 눈 밑"을 가리키는 낱말 하나쯤 못 빚어내는지 궁금합니다.

이 나라 똑똑하고 잘난 머리는 한국말을 북돋우거나 일으키는 데에는 조금도 쓸 수 없을까 생각해 봅니다. 똑똑하고 잘난 머리는 나라밖에서 한자나 영어를 받아들이는 데에만 알뜰하게 써야 할까 궁금합니다.

더 생각하는 사람이 될 수 없는가 싶어 안타깝고, 스스로 조금이나마 삶과 생각과 말을 모두어 내는 사람이 되지 못하는가 싶어 안쓰럽습니다. 똑똑이 아닌 바보라 하여도 우리가 쓸 말은 스스로 일구어야지, 스스로는 아무런 힘을 내지 않고 남이 떠다 주는 밥숟갈만 넙죽넙죽 받는다면 얼마나 딱하고 가녀립니까.

허스키한 목소리 / 다크허스키한 목소리 (x)

쉰 듯한 목소리 / 퍽 쉰 듯한 목소리 (o)

꽤 쉰 듯한 목소리라 해서 영어로 "다크허스키"라 했는데,

"다크허스키"는 알고 보면 엉터리 영어입니다. "다크"도 "허스키"도 둘 다 꾸밈씨라서, 영어가 토박이말인 사람들 사이에서는, "'어둡고 거친' 목소리(dark, husky voice)"처럼 말할 때라면 모를까, 뜻이 아리송한 말입니다. 꽤 쉰 듯한 목소리를 두고 애써 영어로 "다크허스키"라는 말을 만들었으니, 살짝 쉰 듯한 목소리를 놓고는 또 무어라 말할 수 있을까 모르겠습니다. 우리는 말 그대로 "살짝 쉰 듯한 목소리"나 "살짝 쉰 목소리"라 하면 되고, "가볍게 쉰 목소리"라든지 "조금 쉰 목소리"나 "콩알만큼 쉰 목소리"처럼 말할 수 있습니다. 많이 쉰 목소리라면 "많이 쉰 목소리"나 "몹시 쉰 목소리"나 "아주 쉰 목소리"처럼 말하면서 이런저런 다 다른 모습을 가리킵니다.

"다크서클" 이야기도 했습니다만, 꼭 한 낱말로 가리키려 한다면, "까만눈밑"이라 해도 잘 어울립니다. "검은눈밑"이나 "까만눈두덩"이나 "검은눈두덩"이라 해도 괜찮습니다. 나 스스로 내 삶과 모습을 우리 말과 글로 나타내려고 한다면, 저마다 언제라도 알맞고 살뜰하며 싱그럽게 담아낼 수 있습니다. 나 스스로 내 삶과 모습을 우리 말과 글로 나타내려고 하지 않으면, 앞으로 우리들이 얼마나 더 똑똑해지고 잘나고 뛰어나게 거듭난다 하여도 내 이야기를 내 말글로 풀어내지 못합니다.

오늘날도 겉치레가 판을 치지만 앞으로는 더 거세게 겉치레가 판칠밖에 없습니다. 요즈음도 겉꾸밈에 치우쳐 속살을 단단하거나 야무지게 가꾸지 못하지만 앞으로는 더 얄궂게 겉꾸밈에 얽매일밖에 없습니다. 요사이도 겉껍데기만 단단하고 예쁘장한데 앞으로는 더 돈을 들여 얼굴과 몸매 가꾸는 데에만 더 땀을 뺄밖에 없습니다.

착한 마음이 아니기에 착한 삶도 아니나 착한 말도 아닙니다. 살가운 마음이 아닌 만큼 살가운 삶도 아니며 살가운 말도 아닙니다. 오순도순 어깨동무하는 매무새가 아닌 터라 오순도순 어깨동무 삶 또한 아니며 오순도순 어깨동무 말 또한 아닙니다.

그예 사나운 말투입니다. 그저 거친 말투입니다. 그냥저냥 하루살이 하루생각 하루말입니다.

대시dash 009

"차였어. 아니, 고백도 못해 보고 끝났다고 할까." "어, 그런 사람이 있었어? 아무한테나 무조건 대시해 보겠다고, 전에 히로야 오빠 입으로 들은 적이 있는데."

「여자의 식탁 1」 96쪽, 시무라 시호코/김현정 옮김, 대원씨아이 2008

"고백告白도 못해 보고"는 그대로 두어도 좋으나, "털어놓지도 못하고"나 "속마음을 말해 보지도 못하고"로 손보면 한결 낫습니다. "무조건無條件"은 "그냥"이나 "대놓고"나 "곧바로"로 다듬고, "전前에"는 "예전에"로 다듬습니다.

대시해 보겠다고

→ 부딪쳐 보겠다고

→ 뛰어들어 보겠다고

→ 다가가 보겠다고

→ 사귀자고 하겠다고

→ …

한국사람이 언제부터 "대시" 또는 "대쉬"를 이야기했는지 궁금합니다. 그리 오래된 일은 아닐 듯하지만, 이 나라 사람들이 영어를 배우거나 쓰던 때부터가 아니랴 싶습니다. 중·고등학교 아이들이 이런 말을 썼을 수 있고, 대학생들이 이런 말을 썼을 수 있습니다. 제 느낌으로는 대학생들이 1960년대 즈음부터 쓰면서 문학에도 쓰이고 언론매체에도 쓰이고 하다가 이제는 중·고등학생뿐 아니라 초등학생도 쓰고, 너나없이 흔히 쓰이는 말이 되지 않았으랴 싶습니다.

"대시"나 "대쉬"가 쓰이는 자리를 살피면, 같은 영어로 "프로포즈propose"를 뜻하는 자리가 꽤 됩니다. 한자말로 "고백"을 이야기하는 자리에 자주 쓰입니다. 그러나, 이렇게 "프로포즈"이든 "고백"이든, 속마음을 털어놓는 일을 가리키는 토박이말은 좀처럼 들리지 않습니다. 거의 보이지 않습니다. 아니, 찾아볼 길이 없습니다.

털어놓다 / 밝히다 / 보여주다

부딪치다 / 뛰어들다 / 다가가다

조금만 생각해 보아도, 사람들은 으레 "미팅"이나 "소개팅"을 할 뿐, 누군가를 "만난다"는 말조차 잘 안 합니다. "선"을 보는 일은, 혼인할 사람을 만나는 자리에만 쓰고, 홀가분하고 너르게 사람을 사귀어 보고자 만나는 자리에는 쓰지 못합니다. 우리 낱말은 뜻이나 쓰임새가 넓어지지 못합니다.

"만난다"고 하기보다는 "데이트"를 한다고 합니다. 만나서

차를 타고 나들이를 가는 일이란 없고, 오로지 "드라이브"만을 합니다. 100일을 기리든 1,000일을 기리든, 언제나 "파티"를 하려 하지, "잔치"를 하지 않아요.

속마음을 밝히다

마음을 보여주다

속내를 털어놓다

사랑을 말하다

사랑한다 말하다 / 좋아한다 말하다

함께 살자고 말하다 / 같이 살자고 말하다

…

곰곰이 생각해 보면, 흘러간 옛 노래 가운데 "사랑한다 말할까, 좋아한다 말할까…" 하며 애틋하게 부르던 노래가 있습니다. 이 노래가 나온 지는 퍽 오래되었기 때문에 예전에는 이렇게 노래말을 지었다고 할 수 있습니다만, 말 그대로 사랑하니 사랑한다고 말할까 망설이고, 좋아하니 좋아한다고 말할까 머뭇거리는 마음을 고스란히 밝혔을 뿐입니다.

노래하는 이소라 님이 맡았던 "이소라의 백한 번째 프로포즈"라는 풀그림이 떠오릅니다. 이 풀그림에 붙인 낱말 "프로포즈"는 어떤 뜻이었을까요. "같이 살자고 말하는 일"을 뜻하는 낱말로 쓰였을까요. 이 말뜻을 살려서 다른 느낌을 나누고 싶었을까요.

사랑하는 사람들 삶을 다룬 문학을 가리켜 "사랑이야기"라고 하기도 합니다. 어쩌면, 이때에 쓰는 "사랑이야기"를 "대시"나 "프로포즈"나 "고백"을 뜻하는 자리에도 써 볼 수 있겠구나 싶습니다. 또는 "사랑말"을 한다고 써 볼 수 있을 테고요.

말이란 쓰기 나름이고 생각하기 나름이며 북돋우기 나름입니다. 어느 자리에 어떻게 쓰느냐에 따라서 한껏 발돋움할 수 있는 말이면서, 씀씀이에 따라서 죽거나 스러지거나 잊히거나 사라지는 말이 되기도 합니다. 새 뜻을 담는 낱말로 키울 수 있고, 새롭게 빚어내는 낱말을 알뜰살뜰 어루만질 수 있어요.

사람을 사랑하고 삶터를 아낀다면 우리 말과 글을 함께 좋아하면 기쁘겠습니다. 사랑하는 이한테 속마음을 털어놓고 삶을 꾸밈없이 돌보는 매무새 그대로, 우리 말과 글에도 깊고 너른 뜻과 넋과 믿음을 사뿐히 담아내면 어떨까 싶습니다.

더블double 010

대단해 우리! 더블 특종을 건졌어!

「제3의 눈 1」 135쪽, 하야세 준 그림, 야지마 마사오 글/문미영 옮김, 닉스미디어 2001

특종 기사를 줄여서 쓴다는 낱말인 "특종特種"은 그대로 두어야 나을는지 모릅니다. 그러나 "큰 기사"나 "멋진 기사"나 "훌륭한 기사"로 다듬을 수는 없을까 궁금합니다. "불꽃 기사"라든지 "무지개기사"라든지 새로운 말로 빚어내 볼 수는 없을는지 궁금합니다. 왜 "특종"이라고만 일컬어야 할까요.

더블 특종을 건졌어

→ 두 가지 특종을 건졌어

→ 곱배기 특종을 건졌어

→ 겹으로 특종을 건졌어

→ 덤으로 특종 하나 더 건졌어

→ …

한 가지 일을 하면서 두 가지를 이룰 때에 한자말로 "일석이조一石二鳥"를 쓰곤 합니다. 이와 마찬가지로 영어로 "더블"을 말하는 셈이겠지요. 그러나 우리 말 "덤"이나 "선물"이나 "곱배기"나 "갑절"을 이야기하면 됩니다. 쉽게 말하면 되고, 알맞게 말하면 되며, 사랑스레 말하면 즐거워요.

우리 말로 이야기를 하자니 어딘가 모자라거나 덜 떨어지는 듯해 영어를 써야 하나요. 쉬운 낱말로 글을 쓰자니 느낌이 와 닿지 않아서 한자로 지은 낱말을 끼워넣어야 하는가요. 우리 말로는 "한꺼번에 두 가지를 이룬 일"을 나타낼 수 없다고 생각하는가요.

디저트dessert 011

"요츠바가 오면 이래저래 디저트가 나와서 좋구만요." "요츠바 먹는 모습이 귀여워서 보는 게 좋거든."

「요츠바랑! 8」 103쪽, 아즈마 키요히코/금정 옮김, 대원씨아이 2009

"보는 게 좋거든"은 그대로 둘 때가 나을 수 있으나, "보기에 좋거든"이나 "보면서 좋거든"이나 "보면은 좋거든"으로 손볼 수 있습니다.

디저트가 나와서
→ 먹을거리가 나와서
→ 가벼운 먹을거리가 나와서
→ 주전부리가 나와서
→ 군것질거리가 나와서
→ …

양식을 먹은 다음에 나오는 가벼운 먹을거리를 놓고 "디저트"라고 이야기한답니다. 국어사전 말풀이를 살피면, 이 낱말은 "후식"으로 고쳐쓰라고 나옵니다.

그러면, 우리네 밥을 먹은 다음에 차리는 가벼운 먹을거리를 놓고는 무엇이라고 이야기할까요. 우리네 밥을 먹은 다음에 나오는 단출한 먹을거리를 영어로 옮긴다고 할 때에는 어떻게 적어야 할까요.

입가심 / 입다심 / 입매 / 입씻이

보기글에서는 "입가심"이나 "입씻이"로 나오는 먹을거리는 아니라고 느낍니다. 이 자리에서는 "주전부리"나 "군것질거리"를 가리킨다고 느낍니다. 때를 가리지 않고 즐기는 먹을거리라든지, 가볍게 차려 함께 나누는 먹을거리라 한다면 "주전부리"요 "군것질거리"입니다. 밥 한 그릇 넉넉히 비운 다음, 입을 씻으려고 먹는 무엇인가는 "입씻이"입니다. 입을 가시면서 즐기는 "입가심"입니다.

한자말로는 "후식後食"일는지 모르고, 영어로는 "디저트 dessert"일는지 모르나, 한국사람이 한국땅에서 동무나 식구나 이웃하고 도란도란 즐기거나 나누는 먹을거리라 할 때에는, 우리 말로 이와 같은 먹을거리를 가리키거나 이야기할 때가 가장 알맞거나 걸맞지 않겠느냐 생각합니다. "식사"가 아닌 "밥"이요, "디너"가 아닌 "저녁"이듯, 우리는 우리 밥을 먹고 우리 삶을 꾸리며 우리 생각을 주고받을 뿐입니다.

디테일detail 012

중요한 부분의 질감과 디테일이 전부 드러나도록 테스트지를 넓게 만들어야 한다.

「필립 퍼키스의 사진강의」 97쪽, 필립 퍼키스/박태희 옮김, 눈빛 2005

"중요重要한 부분部分의 질감質感"은 "중요한 곳 느낌"으로 손보고, "전부全部"는 "모두"로 손봅니다.

중요한 부분의 질감과 디테일

→ 중요한 부분 느낌과 구석구석

→ 중요한 곳 느낌과 자잘한 데 / 잘디잔 데

→ 중요한 곳 느낌과 작은 데

→ …

사진이든 그림이든 글이든 무엇이든, 예술을 한다는 사람들이 서양말 즐겨쓰는 매무새를 놓고 어찌어찌 막을 길이란 없습니다. 철학이든 과학이든 문학이든, 학문을 한다는 사람들이 바깥말 맘대로 쓰는 몸가짐을 놓고 요모조모 다스릴 길이란 없습니다. 웬만하면 서양에 나가서 배운다는 오늘날이며, 서양에 나갔다 와서 서양말을 함부로 쓰는 일을 자랑이나 멋으로까지 압니다. 서양으로 배우러 가지 않더라도 영어 못하면 바보인 줄 알며, 영어 몇 마디 끼워넣어야 훌륭한 줄 알기까지 합니다.

"디테일detail"은 미국말입니다. 우리 말이 아닙니다. 그렇지만, 이 미국말은 우리 나라 국어사전에 실립니다. 한자말 "부분"으로 고쳐쓰도록 꼬리말이 달렸지만, 한국사람이 한국말을 배우는 책에 미국말이 버젓이 실립니다.

"부분"으로 고쳐쓰라는 "디테일"이나, 한자말 "부분"은 우리 말 "구석-곳-자리-데" 들을 밀어내며 쓰이는 낱말일 뿐입니다. 한국사람한테는 한국말이 있으나, 한국사람 스스로 한국말을 안 쓰는 바람에 한자말 "부분"이 끼어들었는데, 이제는 이 한자말마저 미국말한테 잡아먹히는 꼴입니다.

이리하여, 처음부터 한국사람 스스로 억누르거나 깔보거나 내동댕이치던 우리 말이 살아날 길은 보이지 않습니다. 말을 바르게 쓰든 옳게 쓰든, 말에 앞서 옳은 매무새나 고운 몸가짐을 추스를 길 또한 보이지 않습니다.

중요한 곳 느낌이나 작은 데까지 모두 드러나도록

중요한 곳 느낌뿐 아니라 다른 데까지 모두 드러나도록

중요한 곳 느낌을 비롯하여 구석구석 모두 드러나도록

…

익숙해지는 말이라 하는데, 이 나라 사람들은 스스로 일구어 스스로 멋을 북돋우는 데에는 익숙하지 않습니다. 돈만 벌어들이는 일에 익숙하고, 나라밖 문물을 사들여 멋부리는 데에 익숙합니다. 마음을 다독이며 말빛을 키우는 데에는 익숙하지 않습니다. 마음을 버리며 바깥말을 빨아들여 뽐내는 데에 익숙합니다.

라이벌rival 013

"우와, 라이벌이 한 명 더 늘었네!" 말은 농담처럼 했지만 진심인 것 같았다.

「별로 돌아간 소녀」 24쪽, 스에요시 아키코/이경옥 옮김, 사계절 2008

"한 명名"은 "한 사람"이나 "하나"로 다듬습니다. "농담弄談"은 "장난"이나 "우스갯소리"로 손보고, "진심眞心인 것 같았다"는 "참말 같았다"나 "거짓말이 아닌 듯했다"로 손봅니다.

라이벌이 한 명 더 늘었네

→ 경쟁자가 하나 더 늘었네

→ 싸울 사람이 하나 더 늘었네

→ 이겨야 할 사람이 하나 더 늘었네

→ 눌러이길 사람이 하나 더 늘었네

→ …

국어사전 풀이를 보면, "라이벌"은 "맞수"로 고쳐서 써야 한다고 나옵니다. "라이벌 관계"라면 "맞수 사이"로, "라이벌 의식"은 "맞수라는 생각"으로 고쳐쓸 수 있는 셈입니다.

이 보기글에서는 "맞수"로 적으면 그다지 안 어울리고, "싸울 사람"이나 "이겨야 할 사람"으로 풀어내 주면 잘 어울립니다. 여느 자리에서는 "맞수"라는 한국말을 생각하고, 다른 자리에서는 다른 자리에 걸맞게 넣을 옳고 바른 겨레말을 헤아립니다.

라이프스타일lifestyle 014

제가 찾아서 읽는 책에서는 "라이프스타일" 같은 낱말은 그리 눈에 뜨이지 않습니다. 아무 책이나 함부로 골라 읽지 않기도 할 테지만, 조금이나마 생각을 하는 사람들이라면 이런 영어를 쉽사리 내뱉지는 않기 때문입니다. 그러나 하루하루 지나갈수록 생각이 있다는 사람한테서도 "라이프"니 "스타일"이니 하는 말을 듣습니다. 그리고, 이 두 영어를 더한 "라이프스타일"도 곧잘 듣습니다.

이제는 웬만한 책이름에서까지 찾아볼 수 있고, 신문이나 잡지에는 꼭지이름으로 쓰이는 "라이프스타일"입니다. "라이프"란 "삶"이고, "스타일"이란 "모습"이니, 기껏해야 "삶+모습", 곧 "살아가는 모습"이나 "사는 모습"일 뿐인데, 사람들 스스로나 사는 모습을 이야기하지 못한다고 해야 할까요.

그러고 보니, 제 어릴 적 동무가 살던 아파트 이름이 "라이프아파트"였습니다. 그때는 "라이프"가 무엇인지 몰랐습니다. 이제 와 생각해 보니 "삶 아파트"라는 이름이었고, 말뜻을 헤아린다면 더없이 어줍잖은 이름인데, 이런 이름이 버젓이 쓰이던 이 나라 삶터였습니다. 오늘날처럼 갖은 영어가 두루 쓰이는 삶이란 아무것 아닐는지 모릅니다. 아주 마땅하며 더없이 매끄러운지 모릅니다.

라이프스타일

→ 사는 모습 / 살아가는 모습

그러나, 이토록 "라이프스타일"이 판치도록 내버려 두는 일은 옳을까요. 아이들이 "라이프스타일"을 듣고 말하도록 아랑곳않는 일은 바람직할까요. 어른들이 아무렇지 않게 "라이프스타일"을 즐기는 매무새는 더없이 즐거울까요.

모양새

매무새

차림새

살림새 / 삶새

걸어가는 모습을 두고 "걸음새"라 합니다. 쓰이는 곳을 헤아리며 "쓰임새"라 합니다. 차린 옷이나 차린 밥상을 가리켜 "차림새"라 합니다. 모양을 보고 "모양새"라 하고, 내가 보여주는 모습을 두고 "매무새"라 하며, 어떻게 짜이는가를 일컬어 "짜임새"라 합니다.

그러면, 이런 온갖 말에 뒷가지로 쓰이는 "-새"를 살리면서 "살림새"처럼, 또는 "삶새"처럼 새말을 빚어내면 어떠할까 궁금합니다. "라이프스타일"이란 "라이프+스타일"이고, "생활상"이란 "생활+상"입니다. 이와 마찬가지로, 우리는 우리 말투대로 "살림+새"로 "살림새"를 이야기하면 됩니다.

있는 그대로 가꾸고, 쓰이는 그대로 돌보며, 살아가는 그대로 북돋웁니다. 내 손으로 내 삶을 가꾸고, 내 힘으로 내 삶을 돌보며, 내 깜냥껏 내 생각을 북돋웁니다.

라인업line-up 015

돌네-어머니-할머니로 이루어진 라인업은 길창덕 만화 중에서 가장 독특한 설정이었다.

「꺼벙이로 웃다, 순악질 여사로 살다」 115쪽, 박인하, 하늘아래 2002

"중中에서"는 "가운데"로 다듬고, "독특獨特한 설정設定이었다"는 "남다른 짜임새였다"나 "눈에 띄는 사람들이었다"나 "도드라진 얼거리였다"나 "새로운 사람들이었다"로 다듬습니다.

…로 이루어진 라인업은
→ …로 이루어진 짜임새는
→ …로 이루어진 주인공은
→ …

운동 경기에서 쓰는 말을 빌어 다른 자리에 쓸 수 있습니다. 다만, 운동 경기에서 쓰는 말이 그다지 알맞지 않다고 느껴 털어내야 한다면, 곰곰이 생각해 볼 일입니다. 야구 경기에서 말하는 "라인업"은 흔히 "타순"으로 풀어내어 쓰곤 합니다. 조금 더 다듬는다면 "치는 차례"라 할 수 있어요. "수비 자리"로 다듬어도 되고요.

그렇지만 글쓴이는 "라인업"을 굳이 집어넣습니다. "주인공"이라 적어도 되고, "사람들"이라 적어도 되며, "짜임새"나 "얼거리"라 적어도 되는데.

러브스토리love story 016

어차피 전 세계 영화사 속에서 가장 높은 비율을 차지하고 있는 주제가 사랑이니 말이다. 하지만 핵심은 바로 여기에 있다. 대부분의 러브스토리에는 에로티시즘, 섹스…

「나쁜 감독, 김기덕 바이오그래피 1996-2009」 24쪽, 마르타 쿠를랏/조영학 옮김, 가쎄 2009

"전全 세계 영화사 속에서"는 "세계 영화를 통틀어 보았을 때"로 다듬어 봅니다. "가장 높은 비율比率을 차지하고 있는"은 "가장 많이 차지하는"으로 손보고, "핵심核心"은 "돌아볼 대목"이나 "깊이 생각할 대목"으로 손봅니다. "대부분大部分의"는 "거의 모든"이나 "웬만한"으로 손질해 줍니다.

대부분의 러브스토리에는

→ 거의 모든 사랑이야기에는

→ 사랑이야기를 다룬 웬만한 영화에는

→ …

글쓴이는 이야기합니다. 온누리 어느 나라 영화를 보더라도 "사랑"을 다루는 작품이 가장 많다고. 곧이어 다시금 이야기합니다. 사랑을 다룬 영화는 "러브스토리"를 이야기한다고.

생각해 보면, 어느 방송사였던가 가난한 사람들한테 예쁘장한 집을 마련해 주는 일을 놓고 “러브하우스”라고 일컬었습니다. “러브스토리”라는 이름을 내건 영화가 있기도 했습니다만, 우리는 이 영화를 우리 말 “사랑이야기”로 옮겨내며 즐기지 않았습니다. “고스트Ghost”라는 영화를 “사랑과 영혼”으로 옮겨내기도 했으나, 적잖은 이들은 “사랑과 영혼”이라 말하지 않고 “고스트”라고 말하곤 합니다. “아이 엠 샘I'm Sam”이라는 영화는 “나는 샘”이라 하지 않고 “아이 엠 샘”이라고만 적었어요. 또, 이 영화이름을 우리 말로 옮겨내려고 애쓴 사람이 없고, 우리 말로 살피려고 힘쓴 영화평론가가 없으며, 우리 말로 이야기하려고 마음쓴 기자가 없습니다. 그저 영어로 붙은 영화이름만 들먹입니다.

사랑이야기

사랑소설 / 사랑영화 / 사랑시 / 사랑노래 / 사랑그림 / 사랑춤…

사랑을 다루니 사랑이야기입니다. 사랑을 노래하니 사랑노래입니다. 사랑을 보여주니 사랑춤입니다. 사랑을 읊으니 사랑말입니다. 사랑을 담았기에 사랑편지입니다. 사랑하는 사람이기에 사랑이입니다. 사랑하면서 툭탁툭탁하니 사랑싸움입니다.

사랑타령을 합니다. 돈타령도 하고 술타령도 할 터이나, 사랑타령을 하는 우리입니다. 영화를 찍든 연극을 하든 춤을 추든 그림을 그리든 사진을 찍든 글을 쓰든 무어를 하든 사랑을 하는 우리입니다. 사람을 사랑하고 자연을 사랑하며 논밭을 사랑하고 바다를 사랑합니다. 나비를 사랑하고 벌을 사랑하며 꽃과 푸나무를 사랑합니다. 자전거를 사랑할 수 있고 자동차를 사랑할 수 있으며, 권력을 사랑하거나 가방끈을 사랑할 수 있습니다. 좋은 사랑이든 궂은 사랑이든 사랑입니다. 미운 사랑이든 반가운 사랑이든 사랑입니다.

온갖 사랑이 있어 온갖 사랑을 온갖 영화로 담습니다. 갖은 사랑이 있어 갖은 사랑을 갖은 말로 주고받습니다. 있는 그대로 사랑이며, 나누는 그대로 사랑입니다.

럭셔리luxury 017

"옥탑방이야, 초특급 호텔이야?" 겨울엔 춥고 여름엔 더운 가건물. 옥탑방 하면 대부분 열악한 환경을 생각하게 된다. 그러나 외국의 한 사이트에 소개된 뒤 국내에도 여러 블로그들에 소개되고 있는 "럭셔리 옥탑방" 사진을 보면 그같은 이미지는 싹 가시게 될지도 모르겠다.

「마이데일리」 2005. 4. 29.

"대부분大部分"은 "거의 모두"로 다듬고, "열악劣惡한"은 "나쁜"이나 "모자란"으로 다듬습니다. "외국外國의 한 사이트에 소개紹介된"은 "나라밖 어느 사이트에 뜬"으로 손보고, "국내國內에서도"는 "우리 나라에서도"로 손보며, "소개紹介되고"는 "알려지고"로 손봅니다. "이미지image"는 "느낌"이나 "생각"으로 손질해 줍니다.

"케이블카 대신代身"은 "케이블카 말고"나 "케이블카는 꿈도 못 꾸고"로 다듬습니다.

럭셔리 옥탑방

→ 사치스런 옥탑방

→ 호사스런 옥탑방

→ 돈 퍼부은 옥탑방

→ 돈으로 바른 옥탑방

→ 돈으로 꾸민 옥탑방

→ …

우리 말로 사물을 가리키거나 어떤 일을 담아내려는 움직임이 줄어들거나 수그러듭니다. 지난날에는 권력자들이 한문으로 모든 삶을 가리키거나 담아내려 했고, 오늘날은 미국말로 가리키거나 담아냅니다.

내 삶이 내 힘과 슬기와 뜻으로 이루어지지 않다 보니, 내 말로 내 삶을 담아내지 못하고, 내 힘으로 내 말을 가꾸지 않으며, 내 슬기로 내 말을 사랑하지 않습니다. 나라밖 말로 한국말을 깔보는 일을 하고, 나라밖 말로 한국말을 푸대접하는 일을 하며, 나라밖 말로 한국말을 내쫓는 일을 합니다.

사치스러운 / 호사스러운 / 비싼 / 분수 넘치는 + 옥탑방

번쩍번쩍한 / 으리으리한 / 놀라운 / 엄청난 / 아름다운 + 옥탑방

사회는 온통 돈판·이름판·힘판입니다. 속알맹이는 없고 마음은 텅 빈 사람들이 돈과 이름과 힘을 부려서 마구잡이로 못된 짓을 해도 손가락질을 하지 않습니다. 이러기는커녕 부러워하거나 떡고물을 얻어먹으려고 합니다. 내 힘으로 못하거나 못

누리면 내 아이한테 이런 겉치레 돈과 겉발림 이름과 겉꾸밈 힘을 얻도록 내몹니다.

겉치레가 넘치니 말과 글에도 겉치레가 가득합니다. 겉발림이 넘실거리니 말이건 글이건 겉발림으로 떡발립니다. 겉꾸밈이 그치지 않으니 말이며 글이며 꾸밈없이 가꾸던 아름다움은 가뭇없이 사라집니다.

처음에는 가볍게 쓰였을 "럭셔리"였을 테지만, 이제는 누구나 입에 담는 흔한 영어 낱말이 됩니다. 인터넷 창에 이 낱말을 넣고 찾아봅니다. 럭셔리걸, 럭셔리카, 럭셔리 화장품, 럭셔리 군단, 럭셔리 골프장, 럭셔리 브랜드, 럭셔리 실버, 럭셔리 투우사, 럭셔리 쇼핑타운, 럭셔리 주유소, 럭셔리 워킹, 럭셔리 호텔, 럭셔리 코미디, 럭셔리 슈즈. 수많은 "럭셔리 무엇무엇"이 뜹니다. 온갖 물건에, 온갖 일에, 온갖 곳에 "럭셔리"가 달라붙습니다.

말뜻을 제대로 살려서 쓰는 일이란 없고, 말느낌을 알맞게 북돋우는 일 또한 없습니다. 말씀씀이를 올바르게 추스르는 모습은 보이지 않고, 말무새를 알차게 손질하는 모습 또한 보이지 않습니다.

미국말을 써야 할 때가 있으면 써야 알맞습니다. 어느 나라 말이었든, 내 삶을 북돋우고 내 생각을 키우며 내 넋을 이끌어 주는 말이라면 넉넉히 받아들일 노릇입니다. 그러면, "럭셔리"

는 어떤 낱말일까요. 이 겨레한테 "럭셔리"란 어떻게 생각해야 할 낱말일까요.

이런 말씀씀이가 버릇으로 굳는다면 걱정스럽습니다. 자꾸 자꾸 쓰다가 길든다면 근심스럽습니다. 바늘도둑을 걱정하듯 말 한 마디가 걱정스럽습니다. 콩알 하나 나누는 마음으로 말 한 마디 살찌워 주기를 바라면서 근심스러움을 털어내고 싶습니다.

러닝running 018

정말 한심한 놈들이네. 런닝 잠깐 한 거 갖고 벌써들 퍼지면 어쩌자는 겨

「잘나가는 치에 3」 95쪽, 하루키 에츠미/투엔티 세븐 편집부 옮김, 대원 1997

"정正말"은 "참말"로 다듬습니다. "한심寒心한"은 그대로 두어도 되고, "못난"이나 "모자란"이나 "불쌍한"으로 손보아도 됩니다. "잠깐 한 거 갖고"는 "잠깐 했다고"나 "조금 했는데"로 손질합니다.

런닝 잠깐 한 거 갖고
→ 달리기 잠깐 했다고
→ 잠깐 달렸다고
→ 가볍게 잠깐 달렸다고
→ …

국어사전에도 "런닝"이 나와서 찾아보니 "러닝"을 잘못 적은 말이라고 나옵니다. 다시 "러닝"을 찾아보니, 웃도리 "러닝셔츠"를 가리키는 말이라고 나옵니다. 영어사전을 뒤적입니다. 그림씨로 아홉 가지 뜻이 있고, 이름씨로 네 가지 뜻이 있습니

다. 이 가운데 이름씨 뜻풀이를 옮겨 봅니다.

running

1. a 달리기, 러닝; 경주
   b 〔야구〕 주루走壘
2. 주력走力
3. 유출물; 유출량; 고름이 나옴
4. a 사업 등의 경영, 운영, 관리
   b 운전, 유지 관리

영어사전 풀이 1을 보니, 첫머리에 "달리기"라고 적고, 다음으로 "러닝"으로 적으며, 마지막으로 "경주"로 적습니다. 세 낱말은 같은 뜻이기에 이처럼 한 자리에 몰아 적었을까 생각해 보다가, 틀림없이 뜻은 같을지라도, 이 낱말을 쓰는 사람들은 다르지 않겠느냐 싶습니다.

한국말을 하는 한국사람한테는 "달리기"입니다. 영어를 말하며 사는 사람한테는 "running"입니다. 한문을 쓰며 살아가는 사람한테는 "競走"입니다.

영어사전이, 영어를 한국말로 옮겨서 알아듣도록 하는 데에 참뜻이 있다고 한다면, "running"을 풀이하는 자리에는 "달리기" 한 마디만 넣어야 올바르리라 봅니다.

레스토랑restaurant 019

숲속을 걸어가다 보니 조그만 빈 터가 나오고, 그곳에는 통나무로 만든 탁자와 의자가 설치돼 있었습니다. 마치 숲속의 작은 레스토랑 같았죠.

「지렁이 카로」 102쪽, 이마이즈미 미네코/최성현 옮김, 이후 2004

"탁자卓子와 의자椅子"는 "책상과 걸상"으로 손보고, "설치設置돼"는 "놓여"나 "마련돼"로 손봅니다. "숲속의"는 "숲속에 있는"으로 고쳐 줍니다.

작은 레스토랑 같았죠

→ 작은 찻집 같았죠

→ 작은 모임터 같았죠

→ 작은 쉼터 같았죠

→ …

책상과 걸상이 있어서, 앉아서 쉬었다 갈 수 있다면, 또는 밥이나 차를 즐길 수 있다면, 이곳은 어떤 곳이라고 가리킬 수 있을까 생각해 봅니다. 숲속에 깃든 밥집이라고 할까요. 숲속에 웅크린 찻집이라고 할까요. 숲속에 꾸며진 만남터라고 할까요.

로망roman 020

나에겐 로망이 하나 생겼다. 아빠와 함께 자전거로 여행을 떠나는 일. 쌀집 자전거를 구해 자전거 여행을 떠나는 것은 다소 무리일지 모르지만, 나는 아빠와 함께 페달을 밟으며 아빠의 어린 시절을 함께 추억해 보고 싶다.

「하이힐을 신은 자전거」 42쪽, 장치선, 뮤진트리 2009

"자전거를 구求해"는 "자전거를 빌려"나 "자전거를 장만해"나 "자전거를 마련해"로 다듬습니다. "여행을 떠나는 것은"은 "여행을 떠나는 일은"이나 "여행 떠나기는"으로 손보고, "다소多少"는 "적잖이"나 "여러모로"나 "아무래도"로 손보며, "무리無理일지"는 "어려울지"나 "힘들지"로 손봅니다. "아빠의 어린 시절時節을"은 "아빠가 보낸 어린 날을"로 손질합니다. "추억追憶해 보고"는 그대로 두어도 되고, "돌아보고"나 "나누어 보고"로 손질해 줍니다.

나에겐 로망이 하나 생겼다

→ 나에겐 꿈이 하나 생겼다

→ 나한텐 애틋한 꿈이 하나 생겼다

→ 나한텐 부푼 꿈이 하나 생겼다

한국에서 태어나 한국에서 아이를 낳아 한국사람으로 살아가면서 곰곰이 생각에 잠기곤 합니다. 나와 내 이웃과 동무는 모두 한국사람이라 하지만, 정작 이 한국사람들은 거의 다 어처구니없을 만한 말을 하면서 스스로 어처구니가 없다고 느끼지 않습니다. 그저 알맞게 잘 쓴다고 여기거나, 다른 사람들 모두 쓰지 않느냐고 생각합니다. 처음에는 콩글리쉬라고 스스로 꾸짖지만, 나중에는 콩글리쉬고 뭐고 "내가 그 말을 쓰겠다는데 네가 뭔 소리여?" 하는 매무새로 바뀝니다. 아니, 처음부터 콩글리쉬건 아니건 "널리 쓰면 그냥 쓰면 되는 말 아니야? 뭐하러 시시콜콜 따지는데?" 하는 매무새이곤 합니다.

로망(프 roman)

〔문학〕 12~13세기 중세 유럽에서 발생한 통속 소설

로맨스(romance)

1. 남녀 사이의 사랑 이야기. 또는 연애 사건
2. 〔문학〕 = 로망roman
3. 〔음악〕 = 연가戀歌

오늘날 아이들이나 어른들이나, 연예인이나 지식인이나, 기자나 교사나, 글쟁이나 학생이나, 어느 누구를 가리지 않으면서 으레 쓰는 말마디 가운데 "로망"은 콩글리쉬입니다. 국어사전을 찾아보면, "로망"은 프랑스말에서 왔다고 하니 콩"글리

쉬"라 하기에는 멋쩍은데, 뜻이나 느낌하고는 아주 동떨어진 채 엉터리로 쓰는 낱말입니다.

남자의 로망 / 여자의 로망 (x)

남자의 꿈 / 여자의 꿈 (△)

남자가 품는 꿈 / 여자가 품는 꿈 (o)

프랑스말인지 미국말인지 옳게 가누지 않는 한국사람이 이곳저곳에 널리 쓰는 낱말 "로망" 쓰임새를 살피면 거의 모든 자리에서 "꿈"을 가리킵니다. 할머니든 할아버지든, 노래꾼이든 정치꾼이든, 의사든 간호사든, "로망"을 품에 안으려는 이들은 하나같이 "꿈"을 품에 안습니다. 그렇지만 이들 가운데 어느 누구도 "꿈"이라 말하지 않습니다. "로망"만을 읊습니다. "로망"이 아니면 "꿈"이 아닌 듯 여기고, "로망"이라고 해야 비로소 "꿈"이라고 생각합니다.

"바람"이라 할 수 있고 "비손"이라 할 수 있으나, 이렇게 이야기하는 사람이 줄어듭니다. 아니, 이제는 찾아보기 어렵습니다.

꿈이라 할 때에는 그냥 "꿈"이 있는 한편, "달콤한 꿈"과 "달디단 꿈"과 "부픈 꿈"과 "부풀어오르는 꿈"이나 "높은 꿈"과 "멋진 꿈"이 있을 텐데, 때와 곳에 따라 다 달리 나타내거나 드러낼 느낌과 생각을 말글에 알뜰히 담아내는 사람은 거의 없습니다.

달콤한 꿈 / 애틋한 꿈 / 그리운 꿈 / 멋진 꿈

단꿈 / 사랑꿈 / 고운꿈 / 큰꿈 / 무지개꿈

곰곰이 생각해 봅니다. 그냥 "꿈"이라고만 하기에는 무언가 아쉽다면, "단꿈"이라는 말도 있고, "큰꿈"이나 "고운꿈"처럼 새롭게 낱말을 빚을 수 있습니다. "사랑꿈"과 "무지개꿈"처럼 우리가 꿈 하나에 무엇을 더 실어내고 싶어하는가를 이야기할 수 있습니다.

글흐름에 따라서는 "맑은꿈"이나 "하얀꿈"이라 할 수 있습니다. 한 낱말로 삼지 않더라도 "오랜 꿈"이나 "오래된 꿈"이라 할 수 있습니다. "남자의 꿈"이나 "여자의 꿈" 같은 말마디는 "남자라면 품는 꿈"이나 "여자이기에 품는 꿈"처럼 토씨를 달리하면서 느낌과 생각을 달리 나타낼 수 있고요.

나한텐 새로운 꿈이 하나 생겼다

나한텐 멋들어진 꿈이 하나 생겼다

나한텐 더없이 즐거운 꿈이 하나 생겼다

나한텐 아름다운 꿈이 하나 생겼다

…

꿈을 품는 사람이 어떻게 느끼느냐를 돌아봅니다. 누군가한테는 "멋들어"진 꿈이 있습니다. 누군가한테는 "즐거운" 꿈이 있습니다. 누군가한테는 "아름다운" 꿈이 있겠지요.

이 보기글을 쓴 분으로서는 당신 아버지하고 짐자전거를 타고 우리 나라 구석구석을 나들이하는 일이 더없이 "멋진" 꿈일 수 있습니다. 참으로 "즐거운" 꿈이라 할 만합니다. 어느 무엇보다 "아름답다"고 느낄 꿈으로 간직할 수 있습니다.

생각하기에 따라 꿈은 달라지고, 달라지는 꿈에 따라 삶이 새로워집니다. 삶이 새로워질 때에는 하루하루 새삼스러우면서 기쁘고 반가우며 고맙습니다. 하루하루 새삼스럽게 기쁘고 반가우며 고마울 때에는, 우리 입에서 터져나오고 우리 손에서 샘솟는 말글은 하나하나 알차고 티없으며 싱그럽게 뿌리를 내립니다.

리라이팅rewriting 021

편집자가 일방적으로 원고를 리라이팅하는 것은 창비에서 허용되는 분위기가 아니었다.

「열정시대」 79쪽, 한기호, 교양인, 2006

"일방적一方的으로"는 "마음대로"나 "제 깜냥껏"으로 손보고, "원고原稿"는 "글"로 손봅니다. "허용許容되는 분위기雰圍氣가 아니었다"는 "받아들여지지 않았다"나 "받아들일 수 없는 일이었다"로 손질합니다.

1988년에서 1992년 사이에 박세길 님은 "'다시 쓰는' 한국현대사"라는 이름으로 세 권짜리 책을 냈습니다. 또 강만길 님은 「한국근대사」와 「한국현대사」를 새로 펴내면서 책이름 앞에 "고쳐 쓴"이라는 말을 달았습니다.

다시쓰기

고쳐쓰기

영어를 쓰는 나라에서 살아가는 사람들로서는 "리라이트rewrite" 또는 "리라이팅rewriting"이 됩니다. 한국말을 쓰는 나라에서 살아가는 사람들한테는 "다시쓰기" 또는 "고쳐쓰기"가 됩니다. 같은 뜻으로 "뜯어고치기"나 "글고치기"가 쓰입니다. 때에 따라서 "글손질"이나 "글만지기"를 쓰기도 합니다.

원고를 리라이팅하는 것은
→ 글을 고쳐쓰는 일은
→ 글을 뜯어고치는 일은
→ 글고치기를 하는 일은
→ …

책마을 사람들이 쓰는 말은 아직 일제강점기 찌꺼기에서 헤어나지 못합니다. 그런데 이런 수렁에 빠져 허우적거리면서 어설피 들여온 영어를 섞습니다.

책마을 일꾼들이 일본말을 털어내지 못하면서 둘러대는 말을 들으면, 일본말을 안 쓰면 깔보기도 하고, 일이 안 된답니다. 그러면, 영어를 일본말 못지않게, 때로는 일본말보다 널리 받아들이는 까닭은 무엇일까요. 온누리가 영어 판이 되면서, 영어를 써야 한결 멋이 나서? 영어쓰기가 나한테 삶이 되었기 때문에? 다들 영어를 쓰는데 책마을이라고 영어를 안 쓸 까닭이 없으니? 영어가 한결 알맞고 어울릴 뿐 아니라, 마땅한 우리 말이란 없다고 느끼니?

리메이크remake 022

리메이크가 되어 나왔을 때 그것이 노찾사의 노래인 줄도 모르고서 락버전으로 부르는 몇몇 요즘의 고등학생들을 보면서 조금은 비애감도 또 조금은 음악의 순수한 의식도 느끼게 됩니다.

「노찾사 노래잔치 안내책자」 12쪽

"그것이"는 "그 노래가"로 고쳐 주고, "노찾사의 노래인"은 "노찾사 노래인"이나 "노찾사가 부른 노래인"으로 고쳐씁니다. "락버전rock version으로 부르는"은 "락 노래로 부르는"이나 "락처럼 부르는"이나 "소리 빽빽 지르며 부르는"으로 손질해 봅니다. "요즘의 고등학생"은 "요즘 고등학생"으로 손보고, "비애감悲哀感"은 "슬픔"이나 "서운함"으로 손봅니다. "음악音樂의 순수純粹한 의식意識도 느끼게"는 "노래를 꾸밈없이 즐기는 마음도 느끼게"나 "노래를 있는 그대로 좋아하는 마음도 느끼게"로 다듬어 봅니다.

리메이크가 되어 나왔을 때

→ 손질해서 다시 나왔을 때

→ 손질해서 새로 나왔을 때

→ 새 옷을 입혀 다시 나왔을 때

→ 새 가락을 입혀 다시 나왔을 때

→ …

다시 만드니 "다시만듦"이나 "다시만들기"입니다. 그렇지만, "다시만듦"이나 "다시만들기" 같은 새 한국말은 태어나지 않습니다. 한자로 "재再"나 "개改"를 앞머리에 붙이기 일쑤요, 오늘날에 와서는 영어로 "리re-"를 붙여 "리메이크"를 이야기합니다. 더욱이, 건물을 새로 손질한다 하는 자리에서는 "리모델링"을 한다고 이야기하며, 모임을 고치거나 사람을 새롭게 길러내는 일을 할 때에는 "리빌딩"을 한다고 이야기합니다.

개조 / 개역 / 개신 / 개혁

리메이크 / 리모델링 / 리빌딩

고침 / 바꿈 / 손질 / 뜯어고침

고치기 / 바꾸기 / 손질하기 / 뜯어고치기

생각해 보면, "다시만듦"이나 "다시만들기"라 하지 않아도 됩니다. "고침"이나 "고치기"나 "바꿈"이나 "바꾸기"라 해도 됩니다. "다시-"나 "새로-"를 앞가지로 삼으려 한다면, "다시가꿈"이나 "다시손봄"이나 "새로고침"이나 "새로꾸밈"으로 적어 볼 수 있습니다. 그러고 보니, 인터넷창을 새롭게 바꾼다고 할 때에 누르는 그림판 이름이 "새로고침"입니다.

스스로 얼마든지 고쳐쓰며 한껏 빛낼 수 있는 말입니다. 내 손으로 얼마든지 새로 가꿀 수 있는 말입니다. 새롭게 매만질 수 있고, 다시금 북돋울 수 있으며, 새삼스레 보듬을 수 있습니다. 또다시 손질해도 괜찮으며, 거듭 손보아도 됩니다. 한 번 더 가다듬어도 되고, 여러 차례 갈고닦아도 됩니다. 아주 갈아치울 수 있는 한편, 사뭇 다르게 꾸밀 수 있습니다.

새로찍기 / 새로쓰기 / 새로하기 / 새로빚기 / 새로보기 /…

다시찍기 / 다시쓰기 / 다시하기 / 다시빚기 / 다시보기 /…

고쳐찍기 / 고쳐쓰기 / 고쳐하기 / 고쳐빚기 / 고쳐보기 /…

…

생각을 열면 말이 열립니다. 마음을 열면 말문 또한 열립니다. 넋을 키우면 말이 오르고, 얼을 북돋우면 말이 살아납니다. 생각을 살찌우면서 말을 살찌우며, 생각을 갈고닦으며 말을 갈고닦습니다.

새로워지기를 바라는 마음 그대로 나라말을 새롭게 가꿀 수 있고, 생각과 삶을 새롭게 가꿀 수 있습니다. 거듭나기를 꿈꾸는 마음 그대로 겨레말을 새롭게 거듭나도록 돌볼 수 있고, 생각과 삶을 새롭게 거듭나도록 이끌 수 있습니다. 나아지기를 비는 마음 그대로 한국말이 하루하루 아름다이 나아지도록 힘

쓸 수 있습니다. 이러는 동안 내 생각과 삶 또한 날마다 차근차근 아름다워지도록 힘쓸 수 있습니다.

국어사전 보기글 고치기

리메이크remake

예전에 있던 영화, 음악, 드라마 따위를 새롭게 다시 만듦.
- 예전에 크게 인기를 끌었던 작품들의 리메이크가 유행이다
- 이 곡은 비틀스의 히트곡을 리메이크한 것이다

인기를 끌었던 작품들의 리메이크가 유행이다
→ 인기를 끌었던 작품들 다시 만들기가 유행이다
→ 사랑받았던 작품을 새로 만들기가 널리 퍼지고 있다
→ …

이 곡은 비틀스의 히트곡을 리메이크한 것이다
→ 이 노래는 비틀스가 불러 널리 알려진 노래를 다시 만들었다
→ 이 노래는 비틀스가 불러 사랑받았던 노래를 새로 손질했다
→ …

마사지massage 023

내가 두 살이 될 때까지 젖을 물렸던 어머니는 매일 참깨 기름으로 내 몸을 마사지해 주었습니다.

「사티쉬 쿠마르」 15쪽, 사티쉬 쿠마르/서계인 옮김, 한민사 1997

"매일每日"은 "날마다"로 손질합니다. 또는 "아침마다"라든지 "저녁마다"처럼 손질할 수 있어요.

내 몸을 마사지해

→ 내 몸을 주물러

→ 내 몸을 문질러

→ …

어릴 적, 초등학교 다니던 지난날, 아버지 다리를 형하고 날마다 주물렀습니다. 인천에서 광명까지 꽉 찬 버스에 시달리며 두 시간 거리로 갔다가 하루 내내 서서 아이들을 가르치다가 다시 꽉 찬 버스에 시달리며 두 시간을 달려 집으로 돌아오는 아버지는 집문을 열기 바쁘게 마루바닥에 엎어졌습니다. 형과 나는 아버지 양말을 한 짝씩 벗기고 한 시간쯤 주무릅니다. 이러면 겨우 살아났다는듯이 부스스 일어나 늦은 저녁을 드십니다. 그때 어머니나 아버지는 "다리를 주무르라"는 말과 함께 "다리를 마사지하라"는 말을 하셨다고 떠올립니다.

주무르다 / 안마 / 마사지

국어사전에서 "마사지"를 찾아보니 "안마按摩"와 같은 말이라고 풀이를 붙입니다. 그러나 "주무르다"라는 말은 나오지 않습니다. 글쎄요, "주무르는" 일이 "안마"와 "마사지"하고 서로 다른 말이기에 이러한가요.

마스터master 024

자네의 복수심이라면 극한의 상황도 견뎌야만 얻을 수 있다는 소림 기타 18 괴도권을 마스터할 수 있을 거야.

「속주패왕전」 38쪽, 이경석, 새만화책 2006

"자네의 복수심復讐心이라면"은 "자네가 품은 복수심이라면"이나 "앙갚음에 불타는 자네 마음이라면"으로 다듬어 줍니다. "있을 거야"는 "있어"나 "있겠어"로 손질하고, "극한極限의 상황도 견뎌야만"은 "마지막까지 견뎌야만"이나 "엄청난 괴로움도 견뎌야만"쯤으로 손질하면 어떨까 생각해 봅니다.

괴도권을 마스터할 수 있을 거야

→ 괴도권을 익힐 수 있어

→ 괴도권을 뗄 수 있겠어

→ 괴도권을 모두 배울 수 있겠구나

→ 괴도권을 네 것으로 삼을 수 있을 테군

→ …

국어사전에서 "숙달"이나 "통달"로 고쳐쓰라고 하는 "마스터"이지만, "마스터"를 걸러내거나 털어내는 분은 얼마 안 됩니다. 이냥저냥 씁니다. 이런 말을 쓰는 사람을 코앞에 두고도 알려주지 않습니다. 가까운 동무가 이런 말을 쓰든 집식구가 이런 말을 쓰든 아랑곳하지 않습니다.

문득, "숙달"과 "통달"이라는 낱말이 무엇을 뜻하는지 제대로 아는 분은 얼마나 될까 궁금합니다. 국어사전에 나오기로는 "마스터"를 "숙달"이나 "통달"로 고쳐쓰라고 나옵니다만, "숙달" 뜻풀이는 "통달"입니다. 이렇게 된다면 구태여 "숙달"과 "통달"을 나눌 까닭은 없을 텐데 싶지만, 국어사전 말풀이는 이러하고, 이러한 국어사전 말풀이를 찬찬히 살피는 사람은 찾아볼 수 없습니다. 한자말 "통달"은 "아주 능란能爛하게 함"을 가리킨다지만, "능란"을 다시 국어사전에서 찾아보면 "익숙하고 솜씨가 있다"로 풀이합니다.

이리하여 "숙달" 뜻풀이는 "익숙하게 익숙함"이라는 소리이고, "통달" 뜻풀이는 "익숙함"이라는 소리입니다. 한 마디로 말하면, 토박이말 "익숙하다"라고 하면 넉넉했을 낱말들이요, 괜히 한자라고 하는 껍데기를 뒤집어씌운 셈입니다.

누구나 배우면서 삽니다. 모르기에 배우지만, 알면서도 새로 배웁니다. 저마다 하루하루 새로운 삶을 받아들이면서 새로운 삶에 익숙해집니다. 어제는 어제대로 마음에 새기고 오늘은 오늘대로 몸에 새깁니다.

스스로 바라는 대로 배우며, 스스로 나아가려는 길에 따라 익힙니다. 더 올바르고 훌륭하게 배우기도 하지만, 얕은 셈속을 채우거나 돈다발 밥그릇을 붙잡으려고 익히기도 합니다.

살아가는 아름다움을 느끼면서 널리 나누고 싶어 배우기도 하는데, 혼자만 잘 살겠다는 어리석은 매무새에 따라 얌체가 되는 길을 익히기도 합니다. 사람마다 스스로 가고픈 길을 갈 따름이고, 저마다 스스로 좋아하는 길을 밟을 노릇입니다. 생각 한 줌 알뜰히 다스리고픈 사람이 있어 알뜰하게 길을 갈고 닦는 사람이 있을 테고, 생각이고 삶이고 말이고 아랑곳하지 않으면서 배고픈 길에서 허덕이는 사람이 있습니다.

국어사전 보기글 고치기

마스터master

어떤 기술이나 내용을 배워서 충분히 익히는 일. "숙달", "통달"로 순화.

- 동생은 일 년 만에 일본어를 마스터했다

- 그 기술을 마스터하는 데는 10년이 넘게 걸린다

일 년 만에 일본어를 마스터했다

→ 한 해 만에 일본말을 떼었다

→ 한 해 만에 일본말을 익숙하게 했다

그 기술을 마스터하는 데는

→ 그 솜씨를 익히는 데는

→ 그 솜씨에 익숙해지는 데는

→ …

마인드mind 025

자연보전을 위해서는 정책판단의 주체가 되는 정치, 행정 분야가 지니고 있는 최소한의 환경보전 마인드가 관건이지만 보전논리는 언제나 뒷전으로 밀리게 되는 것이 엄연한 현실이다.

「나는 더불어 사는 세상을 꿈꾼다」 91쪽, 김수일, 지영사 2005

"자연보전-保全을 위爲해서는"은 "자연을 지키려면"이나 "자연을 아끼고 사랑하려면"으로 다듬습니다. "정책판단-判斷의 주체主體가 되는"은 "정책을 만들고 꾸리는"이나 "정책을 세워 이끄는"으로 손보고, "행정 분야分野가 지니고 있는"은 "행정을 맡은 사람들이 품는"으로 손보며, "관건關鍵이지만"은 "큰 일이지만"이나 "눈여겨보아야 하지만"으로 손봅니다. "보전논리保全論理는"은 "우리 삶터를 지켜야 한다는 생각은"으로 손질하고, "밀리게 되는 것이 엄연儼然한 현실現實이다"는 "밀리는 모습이 어쩔 수 없는 우리 모습이다"나 "밀리게 되는 일이 바로 우리 모습이다"로 손질해 봅니다.

국어사전을 뒤적이면 "마인드"가 올림말로 실립니다(2005년까지는 올림말로 실렸으나 2009년부터 올림말에서 빠졌다). 이러면서 "심리心理"로 고쳐쓰라고 풀이합니다. "심리"를 다시 찾아보면 "마음의 작용과 의식의 상태"라고 풀이합니다. 그러니까 "마인드=심리=마음"인 셈입니다.

최소한의 환경보전 마인드

→ 최소한이나마 환경을 보전하려는 생각

→ 조금이나마 환경을 지키려는 마음

→ 조금이라도 우리 삶터를 돌보려는 뜻

→ 아주 작더라도 우리 삶터를 생각하는 넋

→ …

영어를 쓰는 사람한테는 틀림없이 "마인드mind"입니다. 한문을 쓰는 사람한테는 어김없이 "심리心理"입니다. 한국땅에서 한글로 글을 쓰고 토박이말로 말을 하는 사람한테는 바로 "마음"입니다.

영어를 쓰는 나라 사람들은 저희 뜻과 얼을 담아내는 영어를 더 알맞게 잘 쓰도록 마음을 쏟을 일입니다. 한문을 쓰는 나라 사람들은 당신 생각과 넋을 실어낼 한문을 더욱 살뜰히 쓰도록 마음을 바칠 노릇입니다. 토박이말과 한글을 쓰는 이 나라 사람들은 우리 느낌과 삶을 한결 고이 펼쳐 보일 수 있게끔 마음을 기울여야 할 테지요.

그렇지만 한국사람 스스로 한국말에 마음을 기울이지 않습니다. 조금이나마 마음을 두지 않습니다. 잠깐이라도 마음을 쓰지 않습니다.

국어사전 보기글 고치기

마인드mind

"심리"로 순화.

심리心理

마음의 작용과 의식의 상태

- 사람의 심리란 참 묘한 거야

- 환자의 심리 상태가 불안하다

사람의 심리란 참 묘한 거야

→ 사람 마음이란 참 야릇해 / 참 알쏭달쏭해 / 참 몰라

환자의 심리 상태가 불안하다

→ 환자는 조마조마하다

→ 환자는 떤다

매뉴얼manual 026

대기업에서 메뉴얼대로 대량생산한 개성 없는 상품을, 지금까지는 시장이 필요로 했기 때문에 성장할 수 있었죠.

「즐거운 불편」 258쪽, 후쿠오카 켄세이/김경인 옮김, 달팽이 2004

"대량생산大量生産한"은 "엄청나게 많이 만든"이나 "어마어마하게 많이 만들어 낸"으로 다듬습니다. "시장市場이 필요必要로 했기 때문에"는 "팔려 나갔기 때문에"나 "사려는 사람이 있었기 때문에"로 손보고, "성장成長할"은 "클"로 손봅니다. "개성個性 없는"은 그대로 두어도 되나, "밋밋한"이나 "재미없는"이나 "뻔한"이나 "멋없는"이나 "똑같은"으로 손질할 수 있습니다.

메뉴얼(매뉴얼)대로

→ 주문서대로

→ 짜여진 틀대로

→ 짜 놓은 틀대로

→ …

"설명서說明書"를 가리킨다는 "매뉴얼"이라고 하지만, 영어

"매뉴얼" 쓰임새를 보면, "설명서"라고만 하기에는 어딘가 모자랍니다. 국어사전을 살피면 이밖에 "사용서"와 "안내서"로 고쳐쓰라고 나옵니다. 그러나, 영어 "매뉴얼"을 안 쓰면서 "설명서"나 "사용서"나 "안내서" 같은 낱말을 쓰는 분은 오늘날 이 땅에서 아주 드물지 않느냐 싶습니다. 손전화 하나를 장만하여 쓸 때에도, 자전거 한 대를 마련하여 탈 때에도, 모두들 "매뉴얼"을 찾을 뿐입니다.

매뉴얼대로 (찍어내다)

→ 착착착

→ 똑같이

→ 판박이처럼

→ 같은 모양새로

→ …

한편, 공장에서 어떤 물건을 찍어낸다고 할 때에도 "매뉴얼"이라는 말이 쓰입니다. 예전에는 "주문서"라고 했습니다만, 이제는 이런 말도 거의 안 쓰는 듯합니다. 아무래도, 공장이든 회사든 제 일터 이름을 그냥 영어로 적기 일쑤니까, 영어 아닌 일터 이름이란 하루하루 찾아보기 어렵고, 영어 아닌 한국말로 쉽게 생각을 주고받는 일 또한 차츰차츰 사라집니다.

살아가는 모양새 그대로 말이 되고 글이 됩니다. 생각하는

결과 자락 그대로 말이 되며 글이 됩니다. 반드시 토박이말을 아껴야만 한다는 이야기가 아닙니다. 누구나 토박이말만 사랑하거나 돌보아야 한다는 소리가 아닙니다. 쓸 말은 쓰고 거를 말은 거르는 말본새가 사라졌다는 이야기입니다. 알맞고 올바르게 말하거나 글쓰던 매무새가 없어졌다는 소리입니다.

길잡이글 / 길잡이말

이끎글 / 이끎말

알림글 / 알림말

도움글 / 도움말

…

설명서란 "설명하는 글"입니다. 설명이란 "잘 알 수 있도록 밝혀 말하는" 일입니다. 그러니, "설명서"는 "밝혀 말하는 글"이요, "밝힘글"입니다. 도와주는 글이기에 "도움글"이라 할 수 있습니다. 어떻게 하면 되고 어디로 나아가면 되는가를 보여주니, "길잡이글"이라 할 수 있습니다. 알맞고 바른 쪽으로 이끌어 주니 "이끎글"이라 할 수 있습니다. 잘 모르는 대목을 알려주니 "알림글"이기도 합니다.

그런데, 길잡이글이든 이끎글이든 알림글이든 도움글이든, 우리 깜냥껏 빚어내었을 법한 낱말이 한 번도 빚어진 적이 없습니다. "도움말" 한 마디는 겨우 빚어졌습니다만, 고작 "조언

助言"을 가리킨다는 자리에만 머물고 맙니다. 도와주려고 쓰는 글이면 "도움글"이건만, 이런 낱말조차 쓰이지 못합니다.

"이끎글-이끎말"을 쓰듯 "밝힘글-밝힘말"을 쓸 수 있습니다. "일러두기"나 "미리읽기-미리보기" 같은 말을 때와 곳을 살피면서 넣어 볼 수 있습니다. 그런데 이런 말이 쓰이는 자리는 너무 좁고, 사람들 스스로 몹시 좁은 곳에만 가두어 아주 살짝 쓰고 말 뿐입니다. 무엇보다도, 이런 말을 쓰면서 이런 말이 어떻게 빚어졌고 얼마나 쓰임새가 넓으며 어떠한 길로 가다듬거나 추스르면서 생각과 삶을 담아내도록 북돋우면 좋을까를 돌아보지 못합니다. 좋은 말을 써도 좋은 줄 모르고, 알맞춤한 말을 써도 알맞춤한 줄 모르며, 싱그러운 말을 써도 싱그러움을 받아들이지 못합니다.

삶이 너무 매였기 때문일까요. 생각이 지나치게 얽혔기 때문일까요. 아니, 삶이 너무 메마르고 팍팍하기 때문인가요. 생각이 그예 텅 비었거나 꽉 닫혔기 때문인가요.

그토록 많은 영어는 거리끼지 않고 빨아먹으나, 몇 안 되는 토박이말은 어느 하나 빨아먹는 일이 없습니다. 그토록 끝없이 쏟아지는 새 영어는 쉬지 않고 껴안으나, 몇 안 되는 토박이말은 껴안을 생각조차 품지 않습니다.

오늘날 우리 삶이 통째로 나사가 풀렸거나 톱니가 빠졌거나 실타래가 엉겼구나 싶습니다. 자꾸 꼬이거나 오래도록 발목 잡히거나 얄궂은 데로 끄달리는구나 싶습니다.

메시지message 027

다른 사람에게 주는 선물에 자신의 마음을 표현하는 간단한 메시지를 적도록 한다.

「책벌레 만들기」 136쪽, 폴 제닝스, 나무처럼 2005

무엇보다 이 방송이 가장 마음에 드는 점은 직설적이지 않다는 점이다. 가슴을 잔잔하게 적시면서 메시지를 충분히 전달한다.

「열정시대」 164쪽, 참여연대 기획/김진아와 아홉 사람, 양철북 2009

"자신自身의 마음을 표현表現하는"은 "내 마음을 나타내는"이나 "내 마음을 보여주는"으로 다듬으면 좋겠어요.

"점點"은 "대목"으로 다듬고, "충분充分히 전달傳達한다"는 "잘 들려준다"나 "넉넉히 알려준다"로 다듬습니다. "잔잔하게"는 토박이말과 한자말이 둘 있는데, 우리가 쓰는 낱말은 "潺潺"이 아닌 "잔잔"일 뿐입니다. 그나저나, "직설直說"이란 "바른 대로 하는 말"인데, "바른 대로 말하지 않아서 이 방송이 마음에 든다"고 하니 어딘가 어설픕니다. 알맞지 않아요. 보기글에서는 "이 방송이 가장 마음에 드는 대목은 함부로 말하지 않는 대목이다"나 "이 방송이 가장 마음에 드는 대목은 마구 까밝히듯 말하지 않는 대목이다"로 손보면 어떠할까 싶습니다.

간단한 메시지를 적도록

→ 짤막한 인사말을 적도록

→ 짤막한 글을 적도록

→ 글을 짤막히 적도록

→ 인사말을 알맞게 적도록

→ …

선물을 줄 때 편지를 써서 안에 넣곤 합니다. 선물을 받을 때 안에 담긴 편지를 꺼내어 보곤 합니다. 선물에 함께 넣어 주는 편지에는 길거나 짧게 인사말이나 내 이야기를 적습니다. 이런 인사말이나 이야기를 서양에서는 "메시지"라고도 하는 듯하네요.

그렇지만, 말 그대로 "인사말"이나 "이야기"나 "소식"이라 하면 넉넉하지 싶어요. "메시지"라는 말이 퍽 널리 쓰이고, 손전화로 쪽지를 보낼 때에도 "메시지"라고 하는 만큼, 서양책을 옮기는 자리에서도 이 말 "메시지"가 나타날 수 있습니다.

그러니까, 편지에 적는 말을 "메시지"라 하는 대목은 너무 얄궂구나 싶어요. 어쩔 수 없이 써야 하는 자리라면 모릅니다. "메시지" 같은 서양말이 한결 잘 어울리는 자리라면 다를 테지요. 굳이 쓸 까닭이 없고, 딱히 알맞지 않은데도 제대로 살피지 않으면서 자꾸자꾸 이 나라 말삶에 스며드는 서양말 찌꺼기가 아닌가 모르겠습니다.

메시지를 충분히 전달한다

→ 할 말을 넉넉히 한다

→ 들려줄 이야기를 넉넉히 들려준다

→ 좋은 생각을 잘 보여준다

→ 좋은 이야기를 잘 펼친다

→ …

그나저나, 요즈음 이 나라에서는 누구나 손전화를 씁니다. 손전화로 누군가한테 전화를 걸면, 때때로 못 받거나 안 받으면서 "메세지를 남겨 주세요" 하는 기계소리가 들려오곤 합니다. "남기실 말씀을 이야기하세요"라 흐르는 기계소리는 아직 듣지 못했습니다. 아마 "메시지(메세지)" 아닌 "말"이라고 이야기하는 손전화 기계를 찾아서 쓰고 싶다고 말하면 손전화를 아예 못 쓰지 않을까 생각합니다.

곰곰이 살피면, 모든 손전화 기계는 영어범벅이고, 기계이름은 죄다 알파벳으로 붙곤 합니다. 제가 쓰는 싸구려 손전화 기계에도 요일이 "mon" 따위로 찍히고, 시간은 "AM"이라고 찍힙니다. "메뉴"를 누르면 "멀티메일," "굿타임 KTF," "엔터테인먼트," "카메라" 같은 이름으로 차림판이 뜹니다. 그나마 "쪽지(문자)"나 "놀이"나 "사진기" 같은 낱말조차 쓰지 않아요.

우리는 어느새 "이중언어"를 쓰는 나라라고, 두 가지 말로 살아가는 사람들이라고 느낍니다. 아니, 토박이말과 한자말과 영어, 이렇게 세 가지 말로 살아가는 사람들이 아닌가 싶습니다. 아니, 토박이말은 벌써 시들었고, 한자말과 영어로 뒤엉킨 누리에서 살아가는 사람들이로구나 싶어요.

멤버member 028

주말 시간은 자신이 결성한 밴드의 멤버들을 만나 합주 연습을 하면서 몽땅 쓴다.

「너,행복하니?」 30쪽, 김종휘, 샨티 2004

"결성結成한"은 "만든"이나 "연"이나 "꾸린"으로 다듬습니다. 그러나 "밴드를 결성하다"란 말은 아예 관용구처럼 굳은 말이지 싶습니다. 노래를 즐기는 젊은이들이나 이들을 바라보는 사람들은 흔히 이렇게 말하거든요. "합주合奏 연습을 하면서"는 "함께 연습을 하면서"나 "함께 노래를 하면서"로 손질합니다.

밴드의 멤버

→ 노래패 사람

노래하는 사람들 말씀씀이를 살피면, "밴드band"를 꾸려서 "콘서트concert"를 엽니다. 이 콘서트에서는 "멤버member"를 소개하고, "앙코르encore"를 받습니다. 부르는 노래에, 또 노랫말에, 또 노래를 뜯는 악기에는 하나같이 영어 글자로 된 이름이 붙습니다. 이들은 스스로를 "노래꾼"으로 여기지 않습니다. "음악인音樂人"조차 아닌 "뮤지션musician"으로 생각합니다. 그러고 보면, 신문이든 잡지든 방송이든, 노래 이야기를 하는 자리에 붙이는 이름에 "노래"라는 낱말을 쓰는 일은 거의 못 봅니다. 하나같이 "뮤직" 또는 "music"만을 붙입니다.

흔한 취미를 이야기하는 자리에서도 "노래 좋아해요"나 "노래를 즐겨 들어요"처럼 말하는 일이란 없이, "음악 감상을 해요"처럼 말합니다. "노래 들으러" 가는 사람들이 아니라 "음악 연주회"에 가는 사람들이기 때문에 이러한지 모르겠습니다. 젊은 사람은 젊은 사람대로, 나이든 사람은 또 나이든 사람대로, "노래"를 멀리멀리 내팽개칩니다. 오로지 "음악音樂"과 "뮤직music"만 맴돕니다.

그러나, 쓰고프면 영어도 쓰고 한자도 쓰고 일본말도 쓸 일입니다. 어릴 적부터 영어 가르치기에 매인 한국이니까, 이제는 어릴 적부터 익숙한 말 "멤버"요 "서클"이요 "페스티벌"이요 "퍼레이드"요 "미팅"입니다.

어떤 지식인은 "책"이라고 적으면 책맛이 안 나서 "책冊"으로 적어야 한다는 글을 씁니다만, 머잖아, 아니 오늘날 바로 이 자리에서도 "북"으로 적기만 해도 맛이 안 나서 "book"이라고 적어야 한다는 아이들이 있지 않을까 궁금합니다. 아니, 두렵습니다. 아니, 무섭습니다. "책"을 "冊"이라고 적는 지식인이나, "북"조차 아닌 "book"을 써대는 신문기자들이 무섭습니다. 소름이 돋습니다.

모자이크mosaic 029

방학이나 주말이 되면 우리 나라 전국의 산과 계곡, 그리고 바다는 알록달록 차려입은 사람들로 모자이크된다.

「바다로 간 플라스틱」 115쪽, 홍선욱·심원준, 지성사 2008

"전국全國의 산"은 "전국에 있는 산"이나 "곳곳에 있는 산"이나 "구석구석에 있는 산"으로 다듬고, "계곡溪谷"은 "골짜기"로 다듬어 줍니다.

사람들로 모자이크된다

→ 사람들로 꾸며진다

→ 사람들로 가득해진다

→ 사람들로 붐빈다

→ …

짜서 맞추니 "짜맞춤"입니다. 그림그리기를 배우면서 언제나 "모자이크"라는 영어만 들어야 했는데, 우리는 얼마든지 "짜맞춤"이나 "짜맞춤그림"이나 "조각그림"이나 "붙임그림"이나 "조각붙임그림" 같은 새말을 빚어낼 수 있었습니다.

스스로 내 느낌과 생각을 담을 우리 말을 헤아리지 않으니,

자꾸자꾸 "전문용어"라는 이름을 앞세우며 바깥말이 스며듭니다. 나 스스로 내 삶터와 삶자락을 실어낼 우리 글을 쓰려고 하지 않으니, 나날이 "지식자랑"이 되고 마는 어려운 글과 책이 넘쳐납니다.

옹글게 쓸 말을 찾아야 합니다. 오롯이 나눌 말을 헤아려야 합니다. 올바르게 쓸 말을 살펴야 합니다. 오순도순 나눌 말을 생각해야 합니다. 넋과 얼을 가꿀 만한 말을 곱씹고, 마음과 생각을 북돋울 말을 붙잡아야 합니다.

국어사전 보기글 고치기

모자이크mosaic

1. 〔미술〕 여러 가지 빛깔의 돌이나 유리, 금속, 조개껍데기, 타일 따위를 조각조각 붙여서 무늬나 회화를 만드는 기법. "짜 맞추기"로 순화.

- 이 성당의 한쪽 벽은 모자이크로 장식해 놓았다

4. 사진이나 화면 따위에서, 특정 부위를 가리기 위하여 그 부위만을 잘 안 보이게 처리하는 일

- 제보자의 신변을 보호하기 위해서 모자이크 처리와 음성 변조를 해서

모자이크 처리와 음성 변조를 해서

→ 얼굴을 가리고 목소리를 바꿔서

→ 얼굴이 안 보이게 하고 목소리를 고쳐서

→ …

무브move 030

나는 빨리 쉬고 싶어서 아이들에게 큰소리로 말했다. "자, 종 치겠네. 무브, 무브! 빨리 서둘러!"

「이 선생의 학교폭력 평정기」 109쪽, 고은우·김경욱·윤수연·이소운, 양철북 2009

제 어릴 적을 떠올려 보면, 초등학교 다닐 때 학교 안팎에서 영어를 뇌까리는 동무는 없었습니다. 교실에서고 골마루에서고 운동장에서고 놀이터에서고 영어를 뇌까리지 않았습니다. 다만, 야구놀이를 할 때에는 텔레비전 사회자가 영어로 읊던 말마디를 흉내내기는 했습니다. 이무렵에는 학교에서나 집에서나 텔레비전에서나 "섣불리 함부로 영어를 외는" 일이 퍽 드물었습니다.

이러다가 중학교에 접어드니, 처음 영어를 배우는 동무들은 장난삼고 재미삼아 영어를 곧잘 읊었습니다. 교사들 또한 우리 앞에서 영어 낱말을 섞으며 이야기를 했습니다. 고등학교에 들어서니, 장난삼거나 재미삼는 영어는 예전처럼 쓰면서, 여느 말마디로 손쉽게 영어를 섞어서 썼습니다. 아주 스스럼없이, 퍽 마땅하다는 듯이 영어를 내뱉었습니다.

무브, 무브! 빨리 서둘러!

→ 움직이라고! 빨리 서둘러!

→ 어서, 어서! 빨리 서둘러!

→ 얼른, 얼른! 빨리 서둘러!

→ 가만히 있지 말고! 빨리 서둘러!

→ …

공부를 마치고 교실을 치우는 아이들 앞에서 "무브!"를 외치면서 얼른얼른 움직이며 일을 끝내라고 외치는 교사 모습을 헤아려 봅니다. 이이는 이런 자리에서뿐 아니라 다른 자리에서도 으레 "무브!"를 외쳤겠구나 싶습니다. 또한, "무브"뿐 아니라 숱한 다른 영어를 손쉽게 외치거나 이야기했겠구나 싶습니다. 그런데, "무브"라고 외면서 "허리 업"을 외지 않은 대목은 놀랍습니다. 앞뒤 아귀를 맞추자면, "무브"에 걸맞는 다른 영어를 외쳐 주어야 하지 않았겠습니까.

모두들 빨리 서둘러!

놀지 말고 빨리 서둘러!

딴청 그만 피우고 빨리 서둘러!

…

어쩌면, "무브"를 들먹인 교사는 아무 생각이 없었다 할 수 있습니다. 딱히 영어를 쓰려는 마음은 아니었을 수 있습니다.

아이들 앞에서 우스갯소리 삼아, 또는 재미있게 하려고 영어 낱말을 꺼내었는지 모릅니다. 딱딱하게 말하고 싶지 않아서, 아이들 힘을 북돋워 주려고, 서로 사이좋게 쓸고 닦고 치우자면서 "무브"를 찾았는지 모릅니다.

그렇지만, 참말 이 말마디를 읊어야 했을까 궁금합니다. 어쩌다가 이 말마디를 읊고 마는지 궁금합니다. 이이는 언제부터 이런 영어 말마디에 익숙했는지 궁금합니다. 이이한테서 "무브"라는 말마디를 들은 아이들이 제 삶터에서 어떤 말마디를 쓸는지 궁금합니다. 아이들끼리도, 아이들이 집으로 돌아간 자리에서도 스스럼없이 "무브"를 외치지 않을까 궁금합니다.

느릿느릿 하지 말고 빨리 서둘러!

굼벵이처럼 기지 말고 빨리 서둘러!

부지런히 움직이며 빨리 서둘러!

구경만 하지 말고 빨리 서둘러!

…

어릴 적을 다시 되새겨 봅니다. 이무렵 저나 또래 사내아이들은 오락실을 자주 들락거렸습니다. 오락실 놀이틀은 늘 "게임 오버game over"나 "디 앤드the end"라는 말마디가 뜨면서 끝났습니다. 그때 우리가 따로 어떤 영어 말마디를 들먹이는 일은 없었지만, "게임 오버"나 "디 앤드" 같은 말마디는 가끔 읊기도 하지 않았나 싶습니다.

늘 보았으니까요. 늘 보니 익숙해지고, 익숙해지니 입에서 저절로 튀어나옵니다. 언제나 마주하고 언제나 듣거나 보면 차츰차츰 눈에 익고 귀에 익으며 손에 익습니다.

바르고 알맞으며 살가운 말마디를 늘 들으면 내 마음속에는 바르고 알맞으며 살가운 말마디가 자리를 잡으며 익숙합니다. 얄궂고 뒤틀리며 짓궂거나 못난 말마디를 언제나 들으면 내 마음밭에는 얄궂고 뒤틀리며 짓궂거나 못난 말마디가 뿌리를 내리며 익숙하고 맙니다.

말버릇이 됩니다. 말버릇을 비롯해서, 생각을 하거나 마음을 기울일 때에도 옮습니다. 생각과 마음에서 꼬리를 물고 내 삶자락 어느 곳에서나 흘러넘칩니다.

세 살 버릇 여든 간다는 말은 괜한 말이 아닙니다. 바늘도둑이 소도둑 된다는 말은 괜스런 말이 아닙니다. 티끌 모아 큰메가 된다는 말은 괜히 하는 말이 아닙니다. 때와 곳에 따라 다 다르게 받아들이거나 돌아볼 말입니다. 어릴 때부터 어떤 말마디와 삶자리와 매무새에 익숙해지거나 길드는지 곰곰이 되짚을 노릇입니다. 내 둘레 사람들한테 무슨 모습과 말투에 익숙해지도록 하는지 찬찬히 살펴볼 노릇입니다. 흔히 주고받는 말 한 마디는 큰 기쁨이 될 수 있는 한편, 깊은 어두움이 될 수 있습니다.

미니멀minimal 031

깔끔하면서도 미니멀한 디자인이 마치 일본의 문화잡지를 보는 듯한 인상을 준다.

「삶은… 여행, 이상은 in Berlin」 40쪽, 이상은, 북노마드 2008

"디자인design"은 그대로 두어도 나쁘지 않을 테지만, "꾸밈새"나 "짜임새"나 "모양새"로 다듬으면 한결 낫습니다. "일본의 문화잡지"는 "일본 문화잡지"나 "일본에서 펴내는 문화잡지"로 손보고, "인상印象을 준다"는 "느낌이다"로 손봅니다.

미니멀한 디자인이
→ 깔끔한 꾸밈새가
→ 단출한 짜임새가
→ 말쑥한 모양새가
→ 꾸밈없는 모양새가
→ …

영어사전을 뒤적여 찾아보는 "미니멀minimal"은 "최소의"나 "극소의"를 뜻한다고 나오는데, 글쓴이가 말하는 "미니멀한 디자인"에서는 무엇을 가리키려고 넣었을까 궁금합니다.

영어사전에서 찾아본 "미니멀"은 "미니멀 아트"를 뜻하기도 한답니다. 다시 한 번 영어사전을 뒤적여 "미니멀 아트"를 찾아봅니다. "최소 미술"이나 "단순 미술"을 가리키는 낱말이라고 합니다. 그러니까 표현을 줄일 수 있는 데까지 줄이는 그림흐름을 가리키는 말인가 봅니다.

그런가. 그렇군요. 글쓴이는 1960년대 미국에서 일어난 그림흐름을 가리키는 말을 빌어 "일본에서 내는 문화잡지에서 엿볼 수 있는 단출함을 나타내려는 마음"이었구나 싶습니다.

"미니멀"이 가리키는 다른 뜻을 살피니, 이런 영어 낱말을 왜 넣었는가를 알 만합니다. 그렇지만 구태여 이런 낱말을 넣었어야 했느냐는 생각, 또 이런 영어 낱말이 아니고는 제 마음과 뜻과 생각과 얼과 넋을 실어서 보여주지 못할까 싶어 아쉽습니다.

우리는 우리 생각을 우리 말로는 나타내지 못하면서 살아갑니다.

미니벨로Minivelo 032

평소에 가깝게 지내던 이웃이 현관문을 열고 들어왔다. 손에는 작은 미니벨로바퀴가 20인치 이하로 작은 자전거가 들려 있다.

「자전거, 도무지 헤어나올 수 없는 아홉 가지 매력」 16쪽, 윤준호·반이정·지음·차우진·임익종·박지훈·서도은·조약골·김하림, 지성사 2009

"평소平素에"는 "늘"이나 "여느 때에"로 다듬고, "현관문玄關-"은 "대문"이나 "문"으로 다듬어 줍니다. "20인치 이하以下로"는 "20인치 밑으로"나 "20인치가 안 되는"으로 손봅니다.

작은 미니벨로바퀴가 20인치 이하로 작은 자전거가 들려 있다

→ 작은 자전거가 들려 있다

→ 조그마한 자전거가 들려 있다

→ 바퀴 작은 자전거가 들려 있다

→ …

일본사람들이 빚어내어 쓰는 낱말 "미니벨로"는 말 그대로 "작은 자전거"를 가리킵니다. 바깥말 쓰기를 좋아할 뿐 아니라, 바깥말로 새말을 빚어내기 좋아하는 일본이기 때문에 이 같은 낱말이 무척 많습니다.

이런 일본 낱말이 우리 삶터에 속속들이 스며듭니다. 내 깜냥을 빛내어 서로서로 사랑스레 쓸 낱말을 빚어내면 좋으련만, 한국사람은 제 손과 머리로 저마다 알맞춤하게 쓸 낱말을 빚어내려고 하지 않습니다. 그예 이웃 일본한테서 새 낱말을 얻어들입니다.

자전거를 크기에 따라서 두 가지로 나눌 수 있다면, 하나는 "작은 자전거"이고 다른 하나는 "큰 자전거"입니다. 그러나, "큰 자전거"로 나누는 자전거는 26인치 바퀴 자전거인데, 이 자전거를 타는 어느 누구도 "저는 큰 자전거를 탑니다" 하고 말하지 않습니다. 그저 "저는 자전거를 탑니다" 하고 말합니다. 아이들이 보기에 어른들이 으레 타는 자전거는 "큰 자전거"가 맞습니다. 어른들이 보기에는 아이들이 타는 자전거는 "작은 자전거"가 맞습니다. 그리고, 어른과 어린이 모두 탈 수 있는 "작은 자전거"가 있습니다.

보기글을 보면 "작은 미니벨로"라고 적었습니다. 일본 영어 "미니벨로"가 "작은 자전거"를 가리키는 줄을 생각한다면, "작은 미니벨로"라고 적을 수 없습니다. 아니, 작은 자전거 가운데에서도 더 작은 자전거를 가리킨다고 한다면, 아주 틀린 말은 아니라 할 텐데, 이렇게 "더 작은" 자전거를 가리키려고 했다면 "꽤 작은 자전거"나 "무척 작은 자전거"처럼 가리켜야 올바릅니다.

더 살펴보면, 한국에서 맨 처음에 일본 영어 "미니벨로"를 아무 생각 없이 받아들이지 않고, 요모조모 깜냥껏 "작은자전거"라는 낱말을 새롭게 빚어내어 썼다면, 아무런 말썽거리가 없습니다. 겹말로 잘못 쓸 걱정이 없고, 한겨레 문화를 북돋우지 못하는 일 또한 없습니다. 있는 그대로 "작은자전거"이고, 타는 그대로 "작은자전거"입니다. 또는, 살을 붙여 "작은바퀴자전거"라 하거나 "바퀴작은 자전거"라 해 볼 수 있습니다.

생각이 말을 살리고, 생각을 하려는 몸짓이 말을 살립니다. 생각하는 사람이 말을 살리고 생각하는 삶이 말을 살립니다.

생각이 없으면 말이 죽습니다. 생각하지 않는 매무새가 말을 죽입니다. 생각하지 않는 사람이 말을 죽입니다. 생각하지 않는 삶이 말을 죽입니다.

마땅한 소리이지만, 말을 살릴 줄 아는 사람은 말만 살리지 않습니다. 말을 살리지 못하는 사람은 말만 못 살리지 않습니다. 말을 살릴 줄 아는 생각꾼이거나 생각쟁이인 사람들은 내 삶터를 살리고 이웃 삶터를 살립니다. 말을 살리지 못하는 어리보기나 쥐대기는 당신 삶터를 억누르고 이웃 삶터마저 억누릅니다.

생각을 옳게 가누면서 몸가짐을 옳게 가누기에 말 또한 저절로 옳게 가눕니다. 생각을 옳게 가누지 않고 몸가짐을 옳게 가누지 않으니 말이든 뭐든 옳게 가눌 힘이 없습니다. 겉발린 목소리나 겉껍데기 외침이 아닌, 온몸으로 움직이고 온몸을 바치는 삶이어야 합니다. 속에서 샘솟는 목소리나 온몸으로 보여주는 외침이 되면서, 말과 온누리와 삶터 모두 옳은 테두리에서 껴안는 삶이 되어야 합니다.

살리는 말이 되고, 살리는 삶이 되며, 살리는 삶터가 되는 한편, 살리는 사람이 되어야 한다고 느낍니다. 내 눈길과 넋과 마음과 몸가짐은 언제나 하나가 되어 바르고 아름다우며 싱그럽게 가다듬어야지 싶습니다. 내가 사랑하는 꼭 한 번 있는 삶이요, 내가 믿는 두 번 다시 없는 삶이요, 내가 즐기는 돌이킬 수 없는 가슴 뛰는 삶이에요.

미니 사이즈mini size 033

실내용 미니 사이즈 불단에 물과 밥을 떠놓고, 지금에 와 생각하면 그때 이미 인생 끝물에 접어든 스물두 살 아내의 웃는 얼굴을 향해 아침 인사를 한다.

「허수아비의 여름휴가」 11쪽, 시게마츠 기요시/오유리 옮김, 양철북 2006

"실내용室內用"은 "집에 놓는"이나 "집안에 놓는"으로 다듬습니다. "인생人生"은 "삶"으로 손보고, "아내의 웃는 얼굴을 향해"는 "웃는 아내 얼굴을 보며"로 손봅니다.

실내용 미니 사이즈 불단

→ 실내에 놓는 작은 크기 불단

→ 집안에 놓는 작은 불단

→ 집에 들여놓는 조그마한 불단

→ …

곰곰이 생각해 보니, 아이 옷이나 어른 옷을 말하는 자리에서는 으레 "빅 사이즈"와 "미니 사이즈"라 말하는구나 싶습니다. 옷뿐 아니라 물건을 가리키는 자리에서도 "미니"와 "빅"을 말하는구나 싶고요.

미니 사이즈 불단 → 작은 불단

빅 사이즈 불단 → 큰 불단

조금 더 생각해 보면, 한국사람들은 크니까 "크다"고 하고, 작으니까 "작다"고 합니다. 미국사람들은 크니까 "빅big"이라고 하고, 작으니까 "미니mini"라고 합니다. "스몰small"이라고 하든지.

미스터리mystery 034

자연의 법칙은 왜 정교하게 수학적으로 기술될 수 있는가 또한 아직 풀지 못한 미스테리이다.

「파인만의 과학이란 무엇인가?」 39쪽, 리처드 파인만/정무광·정재승 옮김, 승산 2008

"자연의 법칙"은 "자연 법칙"으로 다듬고, "정교精巧하게"는 "빈틈없이"로 다듬습니다. "수학적數學的으로 기술記述될"은 "수학으로 풀어낼"이나 "수학으로 담아낼"로 손봅니다.

풀지 못한 미스테리(미스터리)이다

→ 풀지 못한 숙제이다

→ 풀지 못한 물음이다

→ 풀지 못한 수수께끼이다

→ 풀지 못해 궁금하다

→ …

"미스테리" 또는 "미스터리"라고 하는 이 미국말 뜻은 "풀지 못한 일"입니다. 풀지 못했으니 "남겨진 숙제"나 "남겨진 물음"인 셈인데, 옛 그리스나 로마나 유럽에만 이와 같은 "미스터리"가 있지 않았어요. 우리한테도 "수수께끼"가 있습니다.

아리송한 일

알쏭달쏭한 일

고개를 갸우뚱거리면서 잘 모르겠는 일, 참 "알쏭달쏭" 합니다. 고개를 절레절레 저으면서 두 손을 들며 모르겠다고 하는 일, 참으로 "아리송" 합니다.

미스터리 여행

→ 수수께끼 여행

→ 꿈나라 나들이

→ 두근거리는 나들이

→ 설레는 나들이

→ …

어찌 될는지 모르니 수수께끼와 같은 나들이인데, 수수께끼처럼 아직 모르는 나들이라고 한다면, "두근거리" 거나 "설레" 곤 합니다. 다만, 사람에 따라서는 "두렵" 거나 "무서운" 나들이라고 느낄 수 있어요. 어떤 이한테는 "가슴이 뛰는" 나들이가 될 테고, 어떤 이한테는 "조마조마한" 나들이가 됩니다. 그리고, 아직 발을 디뎌 보지 못한 땅을 디디는 첫 걸음이라 한다면, 꿈을 꾸던 나들이를 이루는 셈이니 "꿈나라" 나들이나 "꿈같은" 나들이이기도 합니다.

미팅meeting 035

항상 웃는 얼굴로 사람들을 대하며 자신의 어떤 일보다도 지도하는 학생과의 미팅을 우선하여 시간을 할애했고

「내 인생의 첫 수업」 52쪽, 박원순과 52명, 두리미디어 2009

"항상恒常"은 "늘"이나 "언제나"로 다듬고, "대對하며"는 "마주하며"나 "맞이하며"로 다듬습니다. "자신自身의"는 "당신이 하는"이나 "당신한테 주어진"으로 손질하고, "지도指導하는"은 "가르치는"으로 손질하며, "우선于先하여"는 "앞서"로 손질하고, "할애割愛했고"는 "썼고"나 "들였고"로 손봅니다.

지도하는 학생과의 미팅을 우선하여
→가르치는 학생과 만나는 일을 앞에 놓아
→가르치는 학생하고 이야기 나누기를 크게 보며
→…

텔레비전 수신료가 오른다는 이야기를 들었습니다. 텔레비전 없이 살아온 지 열 몇 해가 되는 저로서는 전기삯을 낼 때에 수신료를 낸 일이 없어, 오르거나 말거나 여깁니다. 다만, 요즈음은 "수신료"라는 말을 들으면 다른 생각이 듭니다. 왜 "수신

료"라는 이름일까 하고, 낱말책을 뒤적이면 "수신료"라는 낱말은 나오지 않습니다. 음, 저는 낱말을 찾아보기에 낱말책이라 하는데, 우리는 으레 "국어사전(또는 사전)"이라고 말합니다. 아무튼, "수신료"가 무엇인지를 알아보자면 "수신受信"을 찾고 "료料"를 따로 찾아야 합니다.

이러저럭 두 낱말을 찾아보니 "수신"은 "전신이나 전화, 라디오, 텔레비전 방송 따위의 신호를 받음"을 뜻한답니다. "료"는 "'요금'의 뜻을 더하는 접미사"를 뜻합니다. 그러니까 "텔레비전 방송 신호를 받는 요금"이 "수신료"인 셈입니다.

곰곰이 생각해 봅니다. "-료料"를 뒷가지(접미사)로 다루었으니, 붙여서 "수신료"로 적어야 올바르다 하겠으나, 국어사전에 안 실리는 "수신료"이기 때문에 오늘날 한국 맞춤법에서는 "수신 료"처럼 띄어서 적어야 올바릅니다. 왜냐하면 오늘날 맞춤법 "큰 잣대"는 "국어사전에 안 실리는 낱말은 다 띄어서 적도록" 하거든요.

뜬금없는 이야기가 아닌가 싶지만, 텔레비전 보는 값을 올린다는 소식이 들리면서, 예전에 이웃집에 놀러갔다가 텔레비전 연속극에 나오는 사람들이 주고받는 말마디에 섞인 "미팅"이라는 낱말이 떠올랐습니다. 무슨 회사원인 사람들 여럿이 종이잔에 커피를 받아 마시며 웃고 떠들면서 "미팅해야지?" 하고 이야기를 꺼내는데, 이 사람들이 말하는 "미팅"이란 "회의會議"를 가리켰습니다.

꽤 예전 일이었는데 텔레비전 연속극에 나오는 회사원이 뇌까리는 "미팅"이라는 낱말은 참 낯설었습니다. 그런데 이런 말을 들은 지 얼마 지나지 않아 "대학교 마친 회사원 동무와 선후배"를 만난 자리에서 이네들이 주고받는 말마디에도 "미팅"이라는 낱말이 섞여서 깜짝 놀랐습니다. 저한테 영어 "미팅"은 오로지 "남녀가 서로 사귀고 싶어 얼굴을 보는 자리"일 뿐이었거든요.

나중에 영어사전을 뒤적인 다음 고개를 끄덕였습니다. 영어사전에서는 "미팅meeting"을 "모임, 집합, 회의, 대회"로 풀이하고, 예배나 집회나 회합이나 회담이나 토의 모두 "미팅"으로 가리키거든요.

가르치는 학생과 만나는 데에 시간을 썼고

가르치는 학생과 어울리는 시간을 좋아했고

가르치는 학생한테 먼저 시간을 썼고

…

영어가 미친바람이 아닌 돈바람으로 불 뿐 아니라 아예 뿌리내리기까지 한 오늘날 삶터를 돌아보면, "미팅" 같은 낱말 하나는 아무것 아니지 싶습니다. 훨씬 골아프고 골때리며 골나간 말마디가 잔뜩 퍼졌기 때문입니다. 사람들 스스로 내 삶을 우리 말로 가리키지 못합니다.

내 손으로 이 터전을 우리 글로 나타내지 못하는 얼거리입니다. 학교에서나 집에서나 아이들한테 우리 말글을 내 넋과 얼을 담아서 가르치는 분은 거의 없습니다. 사회 안팎에서 이웃들한테 우리 말글을 고운 마음과 따스한 뜻을 실어서 나누는 지식인은 거의 보이지 않습니다. 좌파 지식인이든 우파 지식인이든 말을 말다이 깨달으며 사랑과 믿음 밴 이야기를 펼치는 지식인은 찾아보기 힘듭니다.

만나니까 "만남"입니다. 모이니까 "모임"입니다. 어울리니까 "어울림"입니다. 우리한테는 "만남-모임-어울림"입니다. 그렇지만 오늘을 살아가고 내일을 맞이하는 이들 가운데 "만남-모임-어울림"을 살피거나 받아들이는 사람은 몹시 드뭅니다. 그예 미팅입니다. 그저 미팅입니다. 스스로 우리 말을 만나지 않고 스스로 우리 글한테 고개를 돌립니다. 내 손으로 우리 말을 손사래치고 내 몸으로 우리 글을 몸부림치듯 내팽개칩니다.

베이스 캠프base camp 036

그 당시 우리에겐 베이스 캠프가 필요했던 것입니다. 현실의 긴박한 문제를 소홀히 하지 않으면서도 이상적인 대안학교와 공동체운동을 함께 펼쳐 갈 수 있는 안성맞춤의 땅이 바로 화정마을이었던 것입니다.

「똥교회 목사의 들꽃피는마을 이야기」 92쪽, 김현수, 청어람미디어 2004

"그 당시當時"는 "그때"나 "그무렵"으로 다듬습니다. "필요必要했던 것입니다"는 "있어야 했습니다"로 손보고, "현실의 긴박緊迫한 문제"는 "현실에서 닥치는 문제"나 "현실에서 맞닥뜨리는 문제"로 손봅니다. "이상理想的인"은 "좋은"이나 "꿈꾸던"으로 손질하고, "안성맞춤의 땅"은 "안성맞춤인 땅"으로 손질하며, "화정마을이었던 것입니다"는 "화정마을이었던 셈입니다"나 "화정마을이었습니다"로 손질해 줍니다.

베이스 캠프가 필요했던 것입니다

→ 보금자리가 있어야 했습니다

→ 터전이 있어야 했습니다

→ 둥지가 있어야 했습니다

→ …

어릴 때부터 “베이스 캠프”라는 말을 제법 들었습니다. 어릴 때, 나라안에는 히말라야를 탄다고 하는 사람들이 꽤 있었고, 이분들 이야기가 신문이나 방송에 자주 나왔는데, 이분들은 꼭 “베이스 캠프”를 차리면서 산을 탔어요. 그래서 이 낱말이 예나 이제나 귀에 익습니다.

다음으로, 군대에서 썩던 젊은 나날. 미군이 한국땅이나 다른 나라에 기지를 세우면서 쓰던 말이 “베이스 캠프”였습니다.

어릴 때에는 “베이스 캠프”라는 영어 낱말을 들으면서 그다지 거리끼지 않았습니다. 아무래도, 우리 나라 사람들이 여러모로 힘쓰고 애쓰면서 당신들 나름대로 세운 뜻을 펼치려고 먼 나라에서 땀흘리며 쓰던 말이라 이렇게 느꼈지 싶습니다. 그런데 나이가 들면서 다른 뜻으로 듣던 “베이스 캠프”는 몹시 거리꼈습니다. 주한미군이 한국에 차리는 “베이스 캠프” 둘레에서 일어나는 범죄들, 아픔들, 생채기들, 눈물들과 겹쳐지면서, 이와 같은 낱말을 함부로 쓰는 일이란 얼마나 끔찍한 노릇인가를 되새기곤 합니다.

안성맞춤의 땅 (x)

안성맞춤인 땅 (o)

보기글을 보면, 앞쪽에서는 “베이스 캠프”를 말하고, 뒤쪽에서는 “안성맞춤의 땅”을 말합니다. 둘은 같은 뜻으로 쓴 말입니다. 가만히 헤아리면, 우리로서는 "안성맞춤인 땅"이라 말할 때 제법 잘 어울립니다.

조금 더 헤아려 보면, "안성맞춤땅"이나 "사랑터" 같은 낱말을 새롭게 지어 볼 수 있습니다. "보금자리"나 "둥지"나 "쉼터" 같은 한 낱말을 써 보아도 괜찮고, "사랑나눔터"나 "사랑쉼터"처럼 여러 낱말을 엮어 보아도 괜찮습니다.

알맞은 땅 / 알맞은 자리 / 알맞은 집 / 알맞은 쉼터

좋은 보금자리 / 알맞은 보금자리 / 사랑스러운 보금자리

안성맞춤땅 / 안성맞춤집 / 사랑터 / 사랑쉼터

…

블랙홀black hole 037

중요한 사건 하나는 그것과 직접 관련이 없는 주변 요소들을 다 집어삼키는 법이다. 마치 블랙홀처럼…

「똥꽃」 34쪽, 전희식, 그물코 2008

"사건事件"은 "일"로 다듬어 주고, "직접直接 관련關聯이 없는"은 "바로 이어지지 않는"이나 "그다지 얽혀 있지 않은"으로 다듬습니다. "주변周邊 요소要素"는 "곁다리"로 풀어내 봅니다. "중요重要하다"라는 한자말은 한국말로는 "대수롭다"이지만, 이 토박이말을 알맞게 쓰는 사람은 매우 드뭅니다. 이 자리에서는 "대단한"이나 "큰"으로 손볼 수 있습니다.

마치 블랙홀처럼

→ 마치 검은구멍처럼

→ 마치 늪처럼

→ 마치 개미지옥처럼

→ …

빗대는 말로 "블랙홀"을 썼는데, 예부터 쓰던 말 "늪"이나 "개미지옥"을 넣어도 됩니다.

천문학에서 쓰는 말이 "블랙홀"이니 이대로 두어야 한다고 볼 수 있으나, "검은구멍"으로 고쳐서 쓰는 분이 있습니다. "블랙홀"과 맞서는 곳을 "화이트홀"이라고 하는데, 이곳을 가리켜 "흰구멍"이라 하는 분 또한 있어요.

검은구멍 / 흰구멍

까만구멍 / 하얀구멍

생각해 보면, 영어를 쓰는 천문학자는 당신들이 흔히 쓰는 낱말이기 때문에 당신들 전문 낱말을 하나 지을 때에, 누구나 아는 낱말을 엮어서 "블랙black+홀hole"로 짓고, "화이트white+홀hole"로 천문학 낱말을 지었습니다. 그러나 한국 천문학자는 한국사람 누구나 알아듣는 낱말로 풀어내거나 옮겨내지 못했습니다.

비즈니스business 038

전쟁이 하나의 커다란 비즈니스가 된 셈이다. 그래서 미국은 이라크의 석유를 완전히 장악한 후 사담 후세인의 행방에 대해선 묘연하게 놔둔 채 전쟁 승리를 선언한 것이다.

「섯마파람 부는 날이면」 79쪽, 김수열, 삶이보이는창 2005

"하나의 커다란 비즈니스"에서 "하나의"는 덜어내거나 "어떤"으로 다듬거나 "이른바"로 다듬습니다. "이라크의 석유"는 "이라크 석유"로 손질하고, "완전完全히 장악掌握한 후後"는 "모두 손에 넣은 뒤"나 "꽉 움켜쥔 다음"으로 손질하며, "후세인의 행방行方에 대對해선"은 "후세인이 어디에 있는지"나 "후세인이 어떻게 되었는지"로 손질합니다. "묘연杳然하게"는 "아리송하게"나 "알 수 없게"로 고치고, "전쟁戰爭 승리勝利를 선언宣言한 것이다"는 "전쟁에서 이겼다고 외쳤다"나 "싸움을 이겼다며 외치고 있다"로 고쳐 줍니다.

비즈니스가 된 셈이다

→ 장사가 된 셈이다

→ 사업이 된 셈이다

→ 돈벌이(돈장사)가 된 셈이다

비행기를 타면 "비즈니스 석"과 "이코노미 석"이라고 있습니다. 한국사람이 타는 비행기도 이런 말을 씁니다. 비행기를 처음 타는 분들은 낯설어하게 마련이고, "내가 지금 비즈니스 하러 비행기를 타니 으레 비즈니스 석에 앉아야지" 하고 생각하기도 합니다. 영어로는 "비즈니스business-이코노미economy"라 적더라도, 한국사람한테는 "고급 자리-여느 자리"라 하든지, "좋은 자리-여느 자리"라 하거나, 차라리 "1등석-2등석"으로 나누어 주어야 하지 싶습니다.

국어사전에서 "비즈니스"를 찾아봅니다. "사업事業"을 다시 찾습니다. 뜻풀이가 죽 붙었으나 어딘가 알쏭달쏭합니다. 보기글을 봅니다. "환경 사업"이라는 말이 보이는데, 요즈음 말씀씀이를 가만히 헤아리면, "환경 비즈니스"를 한다는 분들 이야기를 곧잘 듣습니다.

"이 부장은 직장을 그만두고 사업을 시작할 예정"이라는 보기글을 봅니다. "직장職場"이란 "일하는 곳", 그러니까 "일터"입니다. "사업" 또한 "일"입니다. 일터는 다른 사람이 꾸리는 회사에서 한 가지 일을 거드는 곳이기도 하고, 나 스스로 꾸리는 일을 하는 곳이기도 합니다. 제대로 보기글을 달려면 "이 부장은 회사를 그만두고 제 일을 할 생각"으로 적어야 합니다. 그렇지만, "사업"이든 "비즈니스"든 알맞지 않은 자리에 얄궂게 쓰니, 국어사전에 싣는 풀이말이며 보기글이며 모두 엉성궂을 밖에 없구나 싶습니다.

사업이 망하다 → 장사를 그르치다 / 일이 안 되다

사업이 부진하다 → 장사가 잘 안 되다 / 일이 어렵다

중학교 때부터 영어를 가르치면서, 또 요사이는 초등학교에서 영어를 가르치면서, 우리는 스스로 우리 말을 흔들고 우리 생각을 뿌리뽑습니다. 영어를 가르치거나 배우든, 일본말을 가르치거나 배우든, 이와 같은 나라밖 말은 나라밖에서 무엇을 하거나 나라밖 사람을 만날 때 쓰려고 배우거나 가르칩니다. 나라밖에서 무슨 일을 하고자, 나라밖 사람하고 만나고자, 나라밖 말을 배우거나 가르치는 일은 자연스러울 뿐더러 쓸모가 있습니다. 그런데 나라안 사람과 어울리는 자리에서 쓸 말, 또 나라안에서 살아가면서 쓸 말은 어쩌지요. 나라안에서 쓸 우리 말과 글은 아무렇게나 써도 되나요. 아무렇게나 가르치고 어영부영 배워도 걱정이 없나요.

지난날처럼 일본제국주의자들이 한국을 식민지로 삼으며 말과 글을 못 쓰게 하지 않습니다. 미국이 이 나라 살림을 억누르거나 휘어잡는다고 하지만, 우리보고 우리 말을 쓰지 말라고는 하지 않습니다. 모르지요. 한 나라 살림이 제힘으로 우뚝 서지 못할 때에는 한 나라 문화도 제힘으로 당차게 일어서지 못하는지 모르지요. 한 나라 정치가 제힘으로 이끌 짜임새를 갖추지 못한다면 한 나라 교육 또한 사람들이 제 나름대로 슬기를 갈고닦도록 못 도와주는지 모릅니다.

비즈니스 이야기 말고는

→ 일 이야기 말고는

→ 돈버는 이야기 말고는

→ 돈버는 일 이야기 말고는

→ …

돈을 벌려고 하는 일은 "돈벌이"입니다. 돈을 벌고자 일을 한다면 "일을 해서 돈을 버는" 셈입니다. 구멍가게를 열어 물건을 팔아도 "돈벌이"요 "일"입니다. 회사를 크게 꾸려 수천 수만 사람을 일꾼으로 뽑아도 "돈벌이"요 "일"입니다. 나라에서 어떤 정책을 꾸릴 때에도 "돈벌이"를 하는 한편, "일"도 합니다. 수출과 수입은 저마다 "돈을 벌려고" 하는 "일"이며, 국수 한 그릇을 말든, 붕어빵 하나를 굽든, 경기장에서 공을 던지든, 연구실에서 논문을 끄적이든, 모두 "돈벌이"이기도 하며 "일"이기도 합니다.

곧, 집에서 하면 집일입니다. 집 바깥에서 하면 바깥일입니다. 마을에서 하면 마을일이요, 나라에서 하면 나랏일입니다. 학교에서는 학교일을 하고, 단체에서는 단체일을 하며, 혼자서 한다면 혼잣일입니다.

비하인드 스토리behind story 039

그 멋진 그림의 이면에는 꽃에 매료되어 인기척 없는 집에 들어가서 그림을 그렸다는 비하인드 스토리가 있지만 말이다.

「나의 수채화 인생」 196쪽, 박정희, 미다스북스 2005

"이면裏面"은 "뒤"로 고치고, "매료魅了되어"는 "푹 빠지어"로 고칩니다. "인人기척"은 "사람기척"으로 다듬어 줍니다.

비하인드 스토리가 있지만

→ 뒷이야기가 있지만

→ 숨은 이야기가 있지만

→ 남모르는 이야기가 있지만

→ 나만 아는 이야기가 있지만

→ …

곰곰 살피면, 이 보기글 앞에서는 한자말로 "이면"이고, 뒤에서는 "비하인드"입니다. 앞에서나 뒤에서나 우리 말 "뒤"는 나타나지 않습니다. 우리 말 "뒤"가 들어설 자리는 없습니다.

미국말에 "비하인드 스토리behind story"가 있는지는 모르겠습니다. "비하인드behind"와 "스토리story"를 엮어서 쓰기만 할 뿐, 영어사전에는 안 실어 놓는 낱말일는지 모를 일입니다. 그런데, 이 말 "비하인드 스토리behind story"를 이 나라 연예인이나 기자들께서는 반드시 써야만 하는 낱말로 여긴다고 느낍니다. 안정효 님이 쓴 「가짜영어 사전」(현암사 2000)에는 "비하인드 스토리"가 안 실립니다. 이 나라 사람들이 숱하게 쓰는 미국말입니다만, 이 말마디를 엉뚱하게 잘못 쓰지는 않는다는 소리로구나 싶습니다.

우리 말에는 "뒷이야기"와 "뒷얘기"와 "뒷말"이 있습니다. 그저 손쉽게 말하고 꾸밈없이 이야기하면 됩니다.

말 그대로 "뒤+말"이니 "뒷말"입니다. 앞에서 하는 말, 사람들 앞에서 드러내 놓고 하는 말이라면 "앞+말"이 되어 "앞말"일 테고, "앞얘기"요 "앞이야기"입니다.

뒤에 감추어 놓는 이야기라 한다면 "감춘 이야기"이고 "숨긴 이야기"이며 "가려진 이야기"입니다. "묻힌 이야기"이거나 "덮인 이야기"나 "안 보이는 이야기"이기도 합니다.

인터넷 찾아보기로 "비하인드 스토리"를 치면 헤아릴 수 없이 많은 글이 뜹니다. "십자군전쟁의 비하인드 스토리 있으면 알려주세요." "미켈란젤로의 비하인드 스토리는 무엇이 있을까요." "노벨상의 비하인드 스토리." "선배 이홍렬에게 무릎을 꿇어야만 했던 비하인드 스토리가 공개됐다" 같은 미국말이 하루에도 숱하게 쓰이고, 날마다 철철 넘치도록 쓰입니다. 이제는 이런 낱말은 미국말 아닌 한국말이라고 해야 옳겠구나 싶기도 합니다. 괜히 이러거니 저러거니 토를 달면서 가다듬거나 털어내자고 해 보았자, 귀기울일 사람은 없지 않을까 싶습니다. 미국말이든 중국말이든 쓰면 그만이요, 일본말이든 프랑스말이든 멋을 부려 쓰면 다 된다고 여기지 않느냐 싶습니다.

뒷이야기 / 뒷얘기 / 뒷말

뒷생각 / 뒷소리 / 뒷사람 / 뒷나라 / 뒷돈 / 뒷자리 / 뒷밥…

어느새 앞자리로 불쑥 튀어나온 미국말입니다. 한글맞춤법이 있어도 알맞게 맞추어 쓰는 사람이 없는 한국이요, 국어기본법이 있어도 올바르게 가다듬는 공무원이나 지식인이나 기자나 교사가 없는 한국입니다. 미국말은 어느새 "외국말"도 "바깥말"도 아닌 "우리 말"처럼 모시는 말이 되었고, 어쩌면 여느 한국말보다 거룩하고 훌륭하게 섬겨야 하는 말이라 할는지 모릅니다.

뒤로 밀리는 한국말입니다. 앞으로 내세우는 미국말입니다. 뒤로 밀리다 못해 무너지고 스러지며 밟히는 한국말입니다. 앞으로 내세우다 못해 덕지덕지 꾸미고 가꾸며 으스대는 미국말입니다. 우리 이야기가 사라지고 우리 넋이 스러지며 우리 삶은 말라비틀어집니다.

사이즈size 040

아마 저런 것을 가지고 농사도 짓고 이웃 동네에 놀러도 가겠지. 모두 라아지 사이즈고 롱 사이즈다.

「철학 이전의 대화」 173쪽, 김보겸, 애지사 1971

국어사전에서 "사이즈"라는 낱말을 찾아보면 "치수"나 "크기"로 고쳐서 써야 알맞다고 나옵니다. 그렇지만 오늘날 우리나라 사람들은 "사이즈"라는 말을 털어내면서 "치수"나 "크기"라는 말을 쓰지 않습니다. 지식인들도 그렇고 지식인 아닌 사람도 그렇습니다. 그냥 "사이즈"라 말할 뿐입니다. "스몰 사이즈"이고 "빅 사이즈"입니다. "큰옷"과 "작은옷"이 아닌, "큰신"이나 "작은신"이 아닌 "무슨무슨 사이즈"일 뿐입니다.

라아지 사이즈고 롱 사이즈다

→ 크기도 크고 길이도 길다

→ 크고 길다

→ …

보기글에서는 장난삼아서 "라아지large"와 "롱long"을 말하지 않았을까 싶습니다. 재미삼아서, 그냥 한 번, 이렇게 말할 수 있겠지요. 그렇습니다. 웃자고 하는 소리인데 이런 소리까지 트집을 잡거나 꼬리를 잡으면 안 될 테지요. 웃고 넘기자고, 그러려니 하자고….

서클룸circle room 041

서클룸에도 들러 어떤 책들을 읽는지 토론회와 세미나를 구경했다.

「그늘 속을 걷다」 84쪽, 김담, 텍스트 2009

"토론회討論會"나 "세미나seminar" 같은 낱말은 으레 쓰기 때문에 그대로 두어야 할는지 모릅니다. 다만, "토론자리"나 "이야기자리"쯤으로 다듬어도 괜찮지 않을까 생각합니다.

서클룸에도 들러

→ 동아리방에도 들러

대학생뿐 아니라 고등학생도 "동아리"보다는 "서클"을 즐겨 쓰는 우리 나라입니다. 요즈음은 "동호회"나 "동호인"이라는 말도 쓰입니다. 제대로 갈피를 잡지 못하는 말이라 할 텐데, 우리 삶터부터 제대로 갈피를 못 잡기 때문에, 어떤 말이든 제자리를 못 찾지 않느냐 싶습니다.

한국사람이 "서클"을 말하거나 "서클룸"을 말할 까닭이란 없습니다. 대학교면 "대학교"이지 "유니버시티"라 할 까닭이 없듯, 동아리방은 "동아리방"일 뿐입니다. 강의를 끝마치면서 조출하게 잔치를 연다면 "강의끝잔치"나 "마무리잔치"라 하면 되지, 굳이 "종강파티"라 말하지 않아도 됩니다.

그러나, 초등학교에 들지 않은 아이한테도 영어 그림책을 읽히고 영어 유치원을 보내는 이 나라입니다. 초등학교에 들면 우리 말은 뒷전이고 영어로 생각하고 일기도 쓰고 편지도 써야 합니다. 중·고등학생이 되면 영어로 글쓰기도 하고 영어를 딥다 파고들어야 하며, 대학생이 되면 영어 못해서는 바보 소리를 듣고 맙니다. 영어를 모르면 어떠한 일자리도 얻지 못합니다.

저절로 "동아리"나 "동아리방"이 사라집니다. 시나브로 "서클"과 "서클룸"이 되살아납니다. 우리 말은 사라지거나 죽거나 시듭니다. 영어는 불거지거나 꽃피거나 널리 뿌리내립니다.

센세이셔널sensational 042

나는 「커리어즈」지 안에 펼쳐질 센세이셔널한 네 페이지의 사진 화보를 상상했다.

「카파의 손은 떨리고 있었다」 19쪽, 로버트 카파/민영식 옮김, 해뜸 1987

"「커리어즈」지 안에 펼쳐질"은 "「커리어즈」지에 펼쳐질"로 다듬고, "페이지page"는 "쪽"으로 다듬습니다. "상상想像했다"는 "생각했다"로 손질하고, "화보畵報"는 사진으로 이루어진 기사를 가리키니 "사진 이야기"나 "사진들"로 고쳐 줍니다.

센세이셔널한 네 페이지의 사진 화보

→ 사람들을 놀래킬 네 쪽짜리 사진 이야기

→ 네 쪽에 걸쳐 사람들을 놀래킬 사진들

→ 네 쪽짜리 놀라운 사진들

→ …

영어 "센세이셔널sensational"은 "세상을 깜짝 놀라게 하는"을 뜻합니다. 우리 말로 "놀래키는"을 영어로 옮긴다면 "sensational"쯤으로 적는 셈입니다. 그런데, 영어 쓰는 나라에서 살아가는 사람이 한국사람이 쓴 책에 적힌 "센세이셔널"

이라는 낱말을 보면서 무엇을 생각할까요. "번역하기 쉽네" 하고 생각할는지요? "한국은 참 재미있는 나라네" 하고 생각할는지요? "한국사람은 참 얼빠졌네" 하고 생각할는지요? "영어는 이제 세계 어디에서나 쓰이네" 하고 생각할는지요?

영국사람은 영국말을 써야 하고, 프랑스사람은 프랑스말을 써야 합니다. 덴마크사람이 덴마크말이 아닌 영어를 쓴다면 참 우스우리라 봅니다. 중국사람이 중국말을 버리고 영어를 쓴다면 참 볼꼴사납다고 봅니다.

그러나, 우리 나라가 중남미 나라처럼 스페인과 포르투갈 식민지로 오래오래 지내고 말아, 제 나라와 겨레가 쓰던 말을 깡그리 잃어버렸다면, 이때에는 누구나 영어로 글을 쓰고 말을 하리라 봅니다. 스스로 안타까운 줄 모르고 스스로 가슴아픈 줄 못 느끼면서 영어로 이야기를 주고받으리라 봅니다.

오늘날 우리는 반쯤, 또는 2/3쯤, 어쩌면 3/4쯤, 아니 4/5쯤 미국한테 식민지가 되었다고 느낍니다. 한미자유무역협정을 맺지 않을 수 있더라도, 식민지인 모습은 바뀌지 않으리라 봅니다. 국군통수권을 돌려받더라도 식민지인 틀거리는 달라지지 않겠구나 싶어요. 정치와 경제와 문화와 사회와 과학과 교육과 체육과 예술에다가 말과 글까지, 우리는 어느 하나 미국한테 매이지 않은 구석이 없습니다. 뼛속 깊숙하게 미국한테 얽매이면서, 이 굴레를 느끼지 못하면서, 글로만 미국이 싫다느니 끄적이고, 입으로만 미국은 나쁘다느니 외칠 뿐입니다.

센터 center 043

재활용 수집 센터를 방문해 병을 모으세요.

「페트병 속의 생물학」 15쪽, 엠릴 잉그램/김승태 옮김, 지성사 2004

"수집收集"은 "모으는"이나 "거두는"이나 "받는"으로 다듬어야 알맞습니다. "수집하는 센터"를 단출하게 일컫자면 "모음터"나 "거둠터"로 다듬을 수 있습니다. "방문訪問해"는 "찾아가"나 "찾아가서"로 손봅니다. "재활용再活用"은 그대로 둘 수 있으나, "다시쓰기"나 "되쓰기"로 손질하면 한결 낫습니다.

재활용 수집 센터

→ 재활용 수집 기관

→ 다시쓰기 모음터

→ 되쓰기 거둠터

→ …

운동경기에서 일컫는 "센터"라는 이름을 어찌저찌 손볼 수는 없는지 궁금합니다. 축구경기에서는 때때로 "중앙 무엇무엇"이라 하고, 야구경기에서는 "중견수"라 합니다. 그렇지만 농구나 배구에서는 달리 손보는 낱말이 없습니다. "라이트"와

"레프트"를 "오른쪽"과 "왼쪽", 또는 "오른날개"와 "왼날개"라고 일컫지만, 정작 "한복판"이나 "한가운데"를 가리키는 "센터"만은 거의 그대로 둡니다. 말 그대로 "한복판"이나 "한가운데"라 할 수는 없었을까요. 아니면, "몸통"이나 "기둥"이라 해 볼 생각은 없었을까요.

정부기관 가운데 "고용안정센터"가 있습니다. "고용지원센터"가 있고 "고용보험센터"가 있습니다. 이런 정부기관과 함께 "동주민센터"가 있습니다. "동사무소" 이름을 갑작스레 이처럼 바꾸었습니다. 정부기관 이름을 바꾸면 길알림판이며 지도며 모조리 바꾸어야 하는데, 이에 따라 애먼 돈이 얼마나 많이 들어야 하는가를 살피지 않고 이름을 바꾸었습니다. 우리는 우리네 정부기관 이름을 굳이 영어를 넣어 바꾸어야 했을까요.

곰곰이 돌아보면, 정부는 "파출소"를 "치안센터"로 이름을 바꾼 적이 있습니다. 오늘날에도 "치안센터"라는 이름이 제법 쓰이지만, "파출소"라는 이름이 더 자주 쓰입니다. 아니, 두 가지 이름이 섞갈려 쓰인다고 하겠습니다.

동사무소나 파출소 이름을 보아도 느낄 수 있습니다만, 이러한 기관 이름에 "-센터"를 붙이면서 딱히 나아지는 구석이 없는 한편, 괜스레 나랏돈만 엄청나게 들어갑니다. 또한, 한국사람 스스로 제 넋과 삶과 말을 가꾸려는 매무새는 옅어지거나 스러질밖에 없습니다.

치킨 센터 → 통닭집 / 튀김닭집 / 닭집

분식 센터 → 분식집 / 떡볶이집 / 라면집

영양 센터 → 영양집

국어사전에서 "센터"라는 낱말을 찾아보니 버젓이 "치킨 센터"니 "분식 센터"니 "영양 센터"니 하는 보기글이 실립니다. 사람들이 제아무리 "통닭"이나 "튀김닭"이나 "닭"이라 안 하고 "치킨"이라 말한다 할지라도 "치킨 센터"라고 말하는 사람은 거의 없습니다. 으레 "치킨집"이라 하고, "닭집"이라 합니다.

분식을 파는 가게를 "분식집" 아닌 "분식 센터"라 가리키는 사람이 몇이나 될는지 궁금합니다. "분식집"을 일컬어 "떡볶이집"이나 "라면집"이라 하기도 합니다만, 떡볶이집에서도 다른 분식을 팔고, 라면집도 이와 매한가지이기 때문입니다. 요사이는 라면만 파는 가게가 있으니, 앞으로는 "라면집=분식집" 틀은 사라질 수 있습니다.

외국인노동자 쉼터

외국인노동자 센터

한국땅에 들어온 나라밖 일꾼을 돕고자 하는 모임으로 두 가지가 있습니다. 하나는 "쉼터"이고 다른 하나는 "센터"입니다. 가만히 보면 말장난 같습니다만, 우리는 스스로 알맞거나 올바르게 이름붙일 줄 모른다고 하겠습니다. 우리는 스스로 얄궂거나 뒤틀리게 이름붙이면서 살아간다고 하겠습니다.

쉼터 / 배움터 / 모임터 / 만남터 / 도움터 / 어울림터

쉼마당 / 배움마당 / 모임마당 / 만남마당 / 도움마당 / 어울림마당

쉼자리 / 배움자리 / 모임자리 / 만남자리 / 도움자리 / 어울림자리

…

"쉼터"는 말 그대로 쉬도록 마련한 곳이라 한다면, "도움터"는 말 그대로 돕도록 애쓰는 곳입니다. "배움터"는 배움길을 열어 놓는 자리라 할 터이고, "모임터"는 모여서 이야기를 나누도록 연 자리입니다. "만남터"란 스스럼없이 만나도록 하는 곳이요, "어울림터"는 너나 없이 어울리며 즐기는 자리입니다.

하나하나 생각하면 좋은 말을 찾을 수 있습니다. 곰곰이 짚으면 살가운 이름을 붙일 수 있습니다. 두루 돌아보면 고운 말을 일굴 수 있습니다. 새롭게 나아지는 이 겨레 삶터라 한다면, "복지센터" 아닌 "복지마당"이 되어야 할 터이고, "카센터" 아닌 "자동차 손질집"이 되어야 하지 않으랴 생각합니다.

지도 센터 (x)

지도집 / 지도가게 / 길알림터 (o)

한 가지를 더 생각해 봅니다. 한국과 일본에서 세계축구대회를 함께 열었을 때, 한국땅부터 일본땅까지 걸어서 돌아다닌 사람들이 있습니다. 이들이 일본땅을 밟은 뒤 낯선 곳을 가느라 길을 헤매기도 해서 길그림을 그린 책을 좀 볼까 하고 "지도 센터"란 곳에 찾아갔다고 합니다.

우리 나라에는 "지도 센터"라는 곳은 없습니다. "관광 안내소"쯤은 있겠지요. 그래, 일본사람이 살아가는 일본땅 문화로는 "지도 센터"이구나 싶습니다. 우리 문화로 보자면 말 그대로 "지도방"이거나 "지도집"이거나 "지도가게"나 "지도 안내소"쯤 될 테고요.

"지도地圖"를 다듬으며 "길그림"이나 "땅그림"이라고 쓰라고까지는 말하지 않겠습니다. 다만, 지도를 다루는 곳 이름이라 한다면 "지도집"으로 적어 주면 좋겠습니다. 일본사람이 영어를 더없이 사랑하고 좋아하고 아낀 나머지, 지도 파는 가게를 "지도 센터"라고 이름붙였다 할지라도, 우리들은 씩씩하고 꿋꿋하며 아름답고 싱그럽게 "지도집" 한 마디로 갈무리하면 반갑겠습니다.

셀프self 044

이런 사실을 모르지 않을 텐데 구디스 상점들이 "셀프"를 고수하는 이유를 잘 모르겠다.

「열다섯 살 하영이의 스웨덴 학교 이야기」 208쪽, 이하영, 양철북 2008

"이런 사실事實을"은 "이런 일을"이나 "이런 흐름을"로 다듬고, "상점商店"은 "가게"로 다듬습니다. "고수固守하는"은 "지키는"이나 "이어가는"으로 손보며, "이유理由"는 "까닭"으로 손봅니다.

"셀프"를 고수하는

→ 손님 스스로 하라는

→ 손님 스스로 고르게 하는

→ 손님이 알아서 하라는

→ 손님이 손수 하라는

→ …

오늘날 어느 밥집에 가더라도 "물은 셀프"라는 말을 어렵잖이 볼 수 있습니다. 언제부터인가 한 집 두 집 이런 알림쪽을 벽에 붙이곤 했습니다. 무슨 바람을 탔다고 해야 할까, 이 집이 붙이니 저 집이 붙이고, 저 집이 붙이니 그 집이 붙이면서, "물을 밥집 일꾼이 가져다주면서"도 이런 알림쪽을 붙이곤 했습니다.

이 알림쪽 "물은 셀프"라는 말이 처음 쓰여서 퍼지는 동안, "셀프"라는 영어에는 "손수 하는" 어떤 뜻도 담기지 않았다고, 이렇게 잘못 쓰이는 말투가 함부로 퍼져서는 안 된다고 꾸짖는 목소리가 여러 신문에 실리고 방송에 나오곤 했습니다.

그렇지만, 몇 해 앞서 한국방송공사에서 "물은 셀프"라고 하는 말을 꺼내어 크게 사람들 입에 돌았듯, 방송사 사람들이 여느 사람한테 "물은 셀프"라는 말투가 잘못이라고 풀그림을 내보내면서 당신들 스스로 이 잘못된 말투를 버리지 못합니다. 아니, 당신들은 잘못된 말투를 거리낌없이 쓰면서 여느 사람한테만 이 잘못된 말투를 쓰지 말라는 셈입니다.

말다듬기는 삶다듬기입니다. 말추스르기는 삶추스르기입니다. 말을 생각하는 일은 삶을 생각하는 일이고, 말을 손질하고 가꾸는 일은, 내 삶에서 잘못되거나 뒤틀리거나 얄궂거나 엉망이거나 모자라거나 어설프거나 어리석거나 한 대목을 찬찬히 살피고 헤아리면서 손질하거나 고치면서 가꾸는 일입니다.

삶을 가꾸는 사람만이 말을 가꿉니다. 삶을 고치는 사람만이 말을 고칩니다. 삶을 올바르게 가다듬는 사람만이 말을 올바르게 가다듬습니다. 삶과 말이 동떨어진 적은 여태껏 한 번도 없으며, 어느 한 사람도 두 가지가 나란한금으로 나아간 적 또한 없습니다.

소울 메이트soul mate 045

속삭이듯 대답을 한다. "소울 메이트." "소울 메이트"라니. 내 가슴은 또 한 번 쿵 내려앉는다. 단어 자체는 굉장히 멋지고 아름다운 말이지만, 어쩐지 지나치게 로맨틱한 느낌…

「나는 런던에서 사람 책을 읽는다」 171쪽, 김수정, 달 2009

"단어單語 자체自體는 굉장宏壯히"는 "낱말은 참"이나 "말은 더없이"로 다듬습니다. 그런데 "로맨틱romantic한"은 어떤 뜻으로 썼을까요. 이 말뜻 그대로 쓰지는 않은 듯합니다. 이 자리에서는 "낯간지러운"이나 "닭살 돋는"이나 "애틋한"이나 "아기자기한"쯤 될까요. 말뜻과 말느낌에 걸맞도록 옳고 바르게 낱말을 골라서 써야겠습니다. "접接하는"은 "듣는"으로 손질해 줍니다.

"소울 메이트"라니
→ "마음지기"라니
→ "마음나눔이"라니
→ "마음벗"이라니
→ "마음사랑이"라니
→ …

글쓴이는 영국에서 영국사람하고 어울리며 살아갑니다. 마땅한 소리이지만, 영국사람은 영국말을 합니다. 영어로 생각을 나타내고 영어로 마음을 보여줍니다. 또한 마땅한 소리인데, 글쓴이도 영국말로 영국사람하고 만납니다. 영어를 읊고 영어를 듣습니다.

이리하여 영국사람은 제 나라 말로 "소울 메이트"를 이야기합니다.

글쓴이는 한국사람입니다. 그런데 한국땅 한국사람은 한국말로 제 느낌을 나타내기보다는 한자말로 제 느낌을 나타내곤 합니다. 또한, 영국말이나 미국말로 제 마음을 보여주곤 합니다. 지난 2006년에는 "소울 메이트"라는 이름을 내건 연속극이 텔레비전에 걸리기도 했습니다. 뮤지컬이니 무슨 공연이니 하면서 "소울 메이트" 이름이 붙곤 하며, "소울 메이트"를 책이름으로 삼아서 펴내는 사람이 있기까지 합니다. 그야말로 아무나 "소울 메이트"를 읊고, 누구든 겉멋과 겉치레로 "소울 메이트"를 들먹인다 하겠습니다.

영국사람이 말하는 "소울 메이트"와 한국사람이 말하는 "소울 메이트"는 같기도 하지만 사뭇 다릅니다.

마음지기 / 마음지킴이 / 마음나눔이

마음사랑이 / 마음벗 / 마음동무

어깨동무 / 너나들이

곰곰이 따지면, 영국말 "소울soul"은 우리 말로 칠 때 "넋"입니다. 때로는 "얼"로 느낄 수 있고, 곳에 따라 "마음"으로 받아들일 수 있습니다.

영국사람이 "소울 메이트"를 찾거나 "소울 메이트"한테 서로 기대면서 마음앓이를 씻어내고 기쁜 일을 나눈다고 한다면, 이이 "소울 메이트"란 우리 말로 치면 "마음벗"이나 "마음동무"입니다.

그렇지만 안타깝게도, 국어사전에는 "마음벗"이나 "마음동무"라는 낱말은 안 실립니다. 어떠한 국어학자도 이 낱말을 국어사전에 실으려고 하는 마음이 없습니다. 어떠한 지식인도 이와 같이 새 낱말을 제 깜냥껏 빚어내어 널리 나누려고 하지 않습니다. 어떠한 여느 사람들, 그러니까 바로 우리 스스로조차 내 넋과 얼을 고이 담아내는 낱말을 슬기롭게 지어서 신나게 주고받으려고 하는 마음을 보여주지 못합니다.

더 파고들어 보면, 따로 "마음벗"이나 "마음동무"라 하기 앞서, "어깨동무"나 "씨동무"나 "해동무"나 "불알동무"라고 하면서 오래도록 마음과 마음으로 사귀던 짝꿍을 가리켰습니다. 이러한 동무 가운데 가장 손꼽으며 사랑하고 아끼는 이를 놓고 "너나들이"라고 했습니다.

어느 모로 본다면 "소울 메이트"는 우리한테 "너나들이"라 할 수 있다고 여길 텐데, 높낮이로 친다면, "너나들이"는 "마음동무"를 끌어안는 큰말이라서, "소울 메이트=너나들이"가 될 수 없어요. "소울 메이트=마음동무"가 될 수 있습니다.

인터넷으로 신문기사를 뒤적이면, 참 온갖 곳에서 "소울 메이트"를 들먹이는 모습을 쉬 찾아볼 수 있습니다. 아무래도 사람들 스스로 "소울 메이트"가 어떤 사람인지를 제대로 못 느끼거나 알아보려고 하지 않기 때문이구나 싶은데, 한국사람은 한국땅에서 서로서로 마음으로 가까이 사귀거나 넋을 달래면서 어깨를 겯는 좋은 동무를 가리키는 이름 하나 일굴 수 없을는지 궁금합니다. 저마다 넋을 북돋우고 다 함께 슬기를 뽐내며 마음을 가다듬는 한편, 우리 말글을 일으켜세울 기운이 없는지 궁금합니다.

우리 말이 있기나 할까요. 우리 글이 있기나 한가요. 이웃이 누구일까요. 벗님은 누구인가요.

어디에서 누구하고 어울리면서 살아갑니까. 어느 자리에서 어떤 이를 곁에 두고 일과 놀이를 함께 나눕니까. 마음은 어디로 나아가며, 넋은 어디에서 느긋하거나 넉넉하게 쉽니까. 어디에 어떤 모습으로 섰습니까.

쇼show 046

"내가 열 살 무렵부터 병이 나서 별 쇼를 다 했다 안 합니꺼."

「돌아오지 않는 내 아들」 129쪽, 군의문사진상규명위원회, 삼인 2008

"별別"은 "온갖"이나 "갖은"으로 손질해 줍니다. "병病이 나서"는 손보지 않아도 되지만, "몸이 아파서"나 "아파서"로 손볼 수 있어요.

별 쇼를
→ 온갖 짓을
→ 온갖 일을
→ 갖은 지랄을
→ 이것저것
→ 이 일 저 일
→ …

학교 문턱을 제대로 밟아 보지 못한 분들이 "쇼show"라는 영어를 알 턱이 없습니다. 그러나 텔레비전을 보는 동안 어느결에 "쇼"라는 영어를 알게 되고, 예전 같으면 "짓-지랄-짓거리"라 했을 자리에 "쇼"를 읊습니다.

지난 2008년부터인지 아니면 더 예전부터인지 모르겠습니다만, 경기도 파주에 있는 "책마을"을 두고 누군가 "북시티bookcity"로 이름을 고쳐썼습니다. 파주에서 일하시는 분들 스스로 "책마을"이라는 이름을 내팽개치고 "북시티"라 했는지, 아니면 언론사 기자들이 이런 이름을 붙여 주었는지 궁금합니다. 그런데 이렇게 "책마을" 아닌 "북시티"라는 이름이 차츰 쓰이면서 "책잔치"라는 말은 아예 둥지를 틀지 못하고 "북쇼bookshow"라는 말이 새롭게 나타납니다.

책으로 무슨 "쇼"를 할 수 있는지 모르겠습니다만, 아무튼, 책이 아닌 "북"을 말하고, 잔치가 아닌 "쇼"를 말하니, 또한 한국말로 생각하기보다는 영어로 생각하고자 하니까, 이 나라 곳곳에는 "한글마을"은 생기지 않고 "잉글리쉬 타운English twon"이 수백억 원을 들이며 태어납니다. 이제는 "영어마을" 조차 아닌 "잉글리쉬 타운"이라고 말합니다.

한국사람은 스스로 한국말을 알맞춤하게 쓰고자 애쓰지 않습니다. 나라에서도 우리 말을 올바르게 쓰기를 바라지 않습니다. 교사와 부모는 아이들이 우리 말을 알뜰살뜰 익히고 배우기를 바라지 않습니다. 우리 말을 배우고 헤아리는 데에는 아주 어릴 적 한글 떼기만 하면 그만으로 여기고, 이때 뒤로는 어느 한 번도 제대로 우리 말과 글을 익히게끔 이끌지 않습니다.

우리 말을 올바르고 알맞춤하며 제대로 배우는 일이란, 스스로 내 생각을 올바르고 알맞춤하며 제대로 가눌 수 있도록 하는 일입니다. 생각을 올바르고 알맞춤하며 제대로 가누도록 하는 일이란, 내 삶을 올바르고 알맞춤하면서 제대로 꾸리도록 다스리는 일입니다.

저마다 제 삶을 올바르게 다스린다면, 알맞춤하게 꾸린다면, 제대로 북돋운다면 어찌 될까 생각해 봅니다. 아마, 삶터와 마을과 나라가 한껏 거듭날 테지요. 달라질 테지요. 온갖 검은 셈속이 사라지고 갖가지 더러운 짓이 쫓겨나며 돈벌레 짓거리는 자리잡을 수 없을 테고요. 거짓말 일삼는 정치꾼은 뿌리내릴 수 없고, 뒷돈 챙기는 쇠밥그릇 공무원이란 있을 수 없습니다.

말다운 말을 쓰는 일은 생각다운 생각을 하며 삶다운 삶을 꾸리는 일하고 차근차근 이어지기에, 나라를 주무르는 이들로서는 여느 사람들이 말다운 말을 쓰기를 바라지 않을밖에 없습니다. 스스로 제 얼과 넋을 내어주기를 바라고, 스스로 나라밖 물질문명에 넋이 나가기를 바라며, 스스로 제 삶터를 사랑하지 않고 돌아보지 못하기를 바랍니다.

그렇지만, 사람들은 "나훈아와 함께"나 "나훈아 잔치"나 "나훈아 노래잔치"나 "나훈아와 저녁을"이라 하지 않습니다. "나훈아 쇼"라고만 합니다. "노래잔치"라 하면 어설프거나 멋이 안 난다고 생각하지만, "뮤직쇼music show"라거나 "디너쇼dinner show"라 하면 가슴이 두근거리거나 멋들어진다고 생각합니다. "온갖 잔치"나 "놀이 한마당"이나 "놀이 큰잔치"는 한 번도 생각하지 않으면서 "버라이어티쇼variety show"만 꾀하고 펼치며 즐깁니다.

국어사전 보기글 고치기

쇼show

1. 보이거나 보도록 늘어놓는 일. 또는 그런 구경거리
 - 갑자기 구두가 벗겨지는 바람에 한바탕 쇼가 벌어졌다
2. 춤과 노래 따위를 엮어 무대에 올리는 오락
 - 쇼 공연 / 쇼를 보다 / 저희 쇼를 관람해 주신
3. 일부러 꾸미는 일을 비유적으로 이르는 말
 - 그들의 행동이 전연 쇼 같지가 않아
 - 이번만큼은 쇼가 아니라며

한바탕 쇼가 벌어졌다 → 한바탕 구경거리가 벌어졌다 / 한바탕 법석을 떨었다
쇼 공연 → 무대 공연
쇼를 보다 → 공연을 보다 / 놀이잔치를 보다 / 노래잔치를 보다 /…
전연 쇼 같지가 않아 → 조금도 장난 같지가 않아
쇼가 아니라며 → 거짓말이 아니라며 / 꾸민 일이 아니라며

슈퍼맨superman 047

말림은 나에게 슈퍼맨이자, 무슨 일이 생기면 번개처럼 빠르게 달려와 해결해 주는 잔지바르의 해결사였다!

「젊음, 나눔, 길 위의 시간」 175쪽, 강제욱·이명재·이화진·박임자, 포토넷 2008

"달려와 해결解決해 주는 잔지바르의 해결사解決士"라고 하니 겹말입니다. "달려와 도와주는 잔지바르의 해결사"라 하든지, "달려오는 잔지바르의 해결사"라 해야 올바릅니다. 그런데 이렇게 적더라도 토씨 "-의"가 남습니다. "잔지바르"를 글월 맨 앞으로 빼내어 "말림은 잔지바르에 사는 나한테…달려와 무엇이든 도와주는 사람이었다!"쯤으로 손질해 봅니다. 하기 어려운 일을 해 주는 사람이란 "도와주는" 사람이니, 이러한 매무새 그대로 "도와준다" 같은 낱말을 넣으면 한결 부드러우며 또렷하지 않을까 생각합니다.

말림은 나에게 슈퍼맨이자

→ 말림은 나한테 하느님이자

→ 말림은 나한테 든든한 벗이자

→ 말림은 나한테 믿음직한 도움이이자

→ …

영화 "슈퍼맨"이 나오지 않았다면 이 낱말이 쓰일 일이 없지 않았으랴 싶은데, "람보"나 "코만도"나 "스파이더맨"이나 "원더우먼" 같은 낱말이 쓰이는 일하고도 같습니다. "고지라"든 "킹콩"이든 "배트맨"이든 똑같습니다. 하나같이 미국에서 만드는 영화에 나오는 영웅 이름을 따서 쓰는 말입니다. 그만큼 문화며 문명이며 생각이며 여러 가지가 미국이라는 나라에 매였다는 뜻이라고 느끼고, 한국사람 스스로 내 삶을 살피거나 나타내려 하기보다는, 손쉽게 바깥물에 길든다고 느낍니다.

생각해 보면, 지난날 "임꺽정"을 말하고 "일지매"를 말하는 일하고 크게 다르지 않습니다. "마당쇠"니 "돌쇠"니 "마님"이니 "왕자"니 "공주"니 빗대는 일하고도 같아요. 이런저런 이름을 빗대어 누군가를 가리키고 싶다면 얼마든지 가리킬 노릇입니다.

다만, 어떤 이름을 따온다고 할 때에, 꼭 이 이름을 따와야 했는지, 그리고 이 이름을 따오면서 얼마나 알맞춤하거나 슬기롭거나 살뜰했는지를 돌아볼 수 있으면 좋겠습니다. 내가 어디에 발을 디디며, 내가 어디에 생각을 뻗치며, 네가 말과 글을 어떻게 다루는지 헤아릴 수 있으면 좋겠습니다.

스마일smile 048

후, 또 졸리기 시작하네. 이래서야 오늘은 손님들한테 스마일 못 하겠는데…

「잘나가는 치에 3」 104쪽, 하루키 에츠미/투엔티 세븐 편집부 옮김, 대원 1997

"졸리기 시작始作하네"는 "졸리네"나 "졸음이 몰려오네"로 손질합니다. "고객顧客"이라 하지 않고 "손님"이라 한 대목은 반갑습니다.

스마일 못하겠는데

→ 웃지 못하겠는데

→ 웃어 주지 못하겠는데

→ 웃음이 안 나오겠는데

→ 웃는 얼굴 안 되겠는데

→ …

요새는 초등학교부터 영어를 배우지만, 저는 중학교 들어가서 처음으로 영어를 배웠습니다. 중학교 1학년 때 배우는 영어 교과서에는 일찌감치 "스마일smile"이라는 낱말이 나옵니다. 그렇지만, 이 영어 낱말 "스마일"은 학교에서 가르쳐 주지 않았어도 웬만한 동무 아이들은 다 알았습니다. 하도 텔레비전에서 자주 나왔을 뿐 아니라, 물건 광고에서도 "스마일"을 외쳐 댔거든요.

우리 말보다 영어를 입에 찰싹 붙이면서 잘난 척하는 사람들은 "웃자, 웃자" 하고 말하기보다는 "스마일, 스마일" 하고 말하곤 합니다. 연예인들도 우스갯소리처럼 "스마일"을 외칩니다. 사람들이 널리 쓰는 손전화기에 달린 사진기로 사진을 찍을 때에도 "스마일!" 하는 소리가 나기도 해요.

바야흐로, "영어" 스마일에서 "한국말" 스마일로 거듭날 때가 되었다고 할까요. 아직까지는 한국말 사전에 실리지 않은 스마일이지만, 머잖아 살포시 실리지 않으랴 싶습니다.

스케일scale 049

그래도 소나무 몇 그루 서 있는 동네 뒷동산에만 오르고 마는 사람에 비하여 나도 괜찮은 스케일이다.

「국어내용연구 5」 머리말, 배해수, 국학자료원 2000

"오르고 마는 사람에 비比하여"는 "오르고 마는 사람과 견주면"이나 "오르고 마는 사람과 대면"이나 "오르고 마는 사람을 생각하면"으로 다듬어 줍니다.

나도 괜찮은 스케일이다

→ 나도 괜찮은 셈이다

→ 나도 괜찮은 사람이다

→ 나도 괜찮은 배짱이다

→ …

"스케일"은 영어입니다. 우리 말이 아닙니다. 그러나 이런 영어를 우리 말처럼 여기며 쓰는 분이 제법 많습니다.

영어 "스케일"은 국어사전에 실립니다. 사람들이 워낙 많이 쓰니 국어사전에 싣는다 생각할 수 있습니다만, 그래야 한다면, 이 낱말은 그저 바깥말만이 아니라 들온말이라고 여기기 때문입니다. 그렇지만, "스케일"을 실은 국어사전은 "규모-축척-크기-통"으로 고쳐쓰도록 덧말을 붙입니다. 들온말처럼 여기며 싣기는 했으나 그리 쓸 만하지 않다는 소리입니다.

곰곰이 생각해 봅니다. 이렇게 여러모로 고쳐서 써야 올바르다는 영어 "스케일"이라면, 처음부터 국어사전에 실으면 안 될 노릇이 아닌가 하고. 사람들이 많이 쓰고 자주 쓰며 자꾸 쓴다 한다면, "국어순화자료모음"에는 올려놓되 국어사전에는 올리지 말아야 할 노릇이 아닌가 하고.

그러고 보면, 국어사전에는 "스케일"을 "규모規模"로 고쳐쓰라는 대목이 보이는데, "규모"는 우리 말 "크기"를 가리키는 한자말일 뿐입니다. 그러니까, 처음부터 "크기" 한 마디면 넉넉했다는 뜻이며, 비슷한 뜻과 쓰임으로 "통"과 "그릇" 같은 다른 말이 있다는 소리입니다.

사람을 가리키는 자리라면 "그릇" 말고 "마음그릇"이나 "생각그릇"을 적을 수 있고, "마음밭"이나 "마음자리"나 "마음바탕"을 적어도 잘 어울립니다.

국어사전 보기글 고치기

스케일scale

1. 일이나 계획 따위의 틀이나 범위.
   "규모", "축척", "크기", "통"으로 순화

- 스케일이 큰 계획
- 스케일이 작은 주옥 같은 단편 소설

2. 인물의 도량
   - 스케일이 큰 인물

스케일이 큰 계획 → 통이 큰 계획 / 큰 계획
스케일이 작은 단편 소설 → 그릇이 작은 짧은 소설 / 통이 작은 짧은 소설
스케일이 큰 인물 → 그릇이 큰 사람 / 마음그릇이 큰 사람

스크랩scrap 050

그게 개꿈이라고 하더라도 신문 사회면을 매일 스크랩해서 읽는 작가가 어디 하나라도 있었으면 좋겠다.

「생각, 장정일 단상」 175쪽, 장정일, 행복한책읽기 2005

"매일每日"은 "날마다"나 "늘"로 다듬고, "작가作家"는 "사람"이나 "글쟁이"로 다듬어 봅니다. "있었으면 좋겠다"는 "있으면 좋겠다"로 바로잡습니다.

신문 사회면을 스크랩해서

→ 신문 사회면을 오려모아서

→ 신문 사회면을 오려서

→ 신문 사회면을 갈무리해서

→ …

신문이나 잡지에서 글이나 사진을 "오리는" 일을 가리켜 영어로는 "scrap"이라고 합니다. 한국말로는 "오리다"이고 "갈무리하다"이며 "그러모으다"입니다. 그러나, 이와 같은 우리 말 "오리다"를 알뜰히 쓰지 못하고, 영어를 그대로 따서 "스크랩"이라고 쓰고 맙니다.

"scrap"은 "스크랩"인가요? "America"가 "미국"이 아닌 "아메리카"이듯, "car"가 "차"나 "자동차"가 아닌 "카"이듯, "scrap" 또한 "스크랩"인가요?

번역하는 분들이 "신문을 스크랩하다"와 "신문을 오려모으다"와 "신문을 오리다"와 "신문을 갈무리하다"와 "신문을 오려서 모으다"를 미국말로 옮길 때 어떻게 적을는지 궁금합니다.

국어사전 보기글 고치기

스크랩scrap

신문, 잡지 따위에서 필요한 글이나 사진을 오림.

"오려 모으기", "자료 모음"으로 순화.

- 신문 기사의 스크랩이 편지에 동봉되어 있었다

신문 기사의 스크랩이 편지에 동봉되어 있었다

→ 신문 기사를 오려붙여 편지에 함께 넣어 놓았다

→ 오려붙인 신문기사가 편지에 담겼다

→ 오려모은 신문기사가 편지와 함께 있었다

→ …

스타카토staccato

051

이런 동화적 단순성이 스타카토 식의 짧은 문장과 압축된 문제, 동화적 분위기를 풍기는 작품 내의 부수적 요소들…

「곤혹한 비평」 307쪽, 이현식, 작가들 2007

"동화적 단순성單純性"은 문학평론을 하면서 쓰는 전문 낱말일까 궁금합니다. 뒷말과 묶어 "동화처럼 손쉽게 짧게 끊는 글"로 손보면 어떨까 싶습니다. "문장文章"은 "글"이나 "글월"로 다듬고, "압축壓縮된"은 "줄인"으로 다듬습니다. "동화적 분위기雰圍氣"는 "동화 같은 느낌"이나 "동화다운 맛"으로 손질합니다. "작품 내內의 부수적附隨的 요소要素들"은 "작품에 뒤따르는 여러 가지"로 풀어내 줍니다.

스타카토 식의 짧은 문장

→ 툭툭 끊어지는 짧은 글

→ 탁탁 끊어 쓰는 짧은 글

→ 톡톡 끊어낸 짧은 글

→ …

"스타카토staccato"는, "악보에서, 한 음 한 음씩 또렷하게 끊는 듯이 연주하라는 말"입니다.

노래를 하는 사람들이 즐겨쓰는 학문 낱말을 문학을 하는 자리에도 끌어들일 수 있습니다. 끌어들이고 싶다면 끌어들일 일입니다. 다만, "끊다"나 "자르다"라는 우리 말로는 나타내기 어려웠을까 헤아려 봅니다. 참말 "끊다"나 "자르다" 같은 우리 말로는 이야기를 펼칠 수 없을까 궁금합니다.

스톱stop 052

나는 집에 가다가 다리 밑까지 왔다. 나는 다리로 쭉 갔다. 거기에는 왕거미 줄이 있었다. 왕거미가 지은 집은 튼튼해서 잘 보였다. 바람이 불어 튼튼한 거미줄이 떨어질 것 같다. 자동차가 달리니 거미줄이 헌덜헌덜해서 떨어질 것 같고 자동차가 시톱을 하면 거미줄은 멈춘다.

「내가 처음 쓴 일기」 '왕거미', 김보련, 보리 1998

"스톱! 스톱! 거 잠깐 있어 봐라, 최 기사야!" 그때 저 멀리서 다급한 목소리가 들리는 거야.

「다슬기 한 봉지」 84쪽, 강무지, 낮은산 2008

초등학교 1학년 아이들이 쓴 일기를 모은 책 「내가 처음 쓴 일기」를 읽습니다. 김보련이라는 아이가 1996년 10월 24일에 쓴 '왕거미'를 읽다가 그만 눈길이 멎습니다. 왕거미를 꼼꼼히 살핀 일을 적은 글을 읽다가, 어어 뭔가 얄딱구리한데, 하고 느끼면서 책읽기를 뚝 그칩니다.

자동차가 시톱(스톱)을 하면 거미줄은 멈춘다

→ 자동차가 멈추면 거미줄은 멈춘다

→ 자동차가 달리지 않으면 거미줄은 멈춘다

→ …

일기를 쓴 이 어린이는 뜻이 같은 두 가지 낱말을 한 줄에 씁니다. 아무래도 둘레 어른들이 자동차를 달리다가 멈출 때에 "멈춘다"고는 말하지 않고 "스톱"한다고 말하기 때문일 테지요. 아이가 처음부터 "스톱stop"이라는 영어를 알고 이렇게 일기를 쓰겠어요? 모두 어른들한테서 말을 들으며 배웁니다.

초등학교 1학년밖에 안 된 아이조차 "스톱"과 같은 영어를 아무렇지 않게 씁니다. 어쩌면, 이 아이 어버이뿐 아니라 학교에서 교사들 또한 "스톱" 같은 영어를 버젓이 쓰는지 모릅니다. 학교에서 영어를 가르친다면서 이 낱말을 자주 쓰는지 모릅니다. 아이들은 영어 그림책을 읽으면서 이런 영어에 익숙한지 모릅니다.

한국말은 없고 영어만 있습니다. 한국말은 사라지고 영어가 우쭐거립니다.

스톱! 스톱! (x)

거 잠깐 있어 봐라! (o)

시골 할매와 할배도 "스톱"이라는 영어를 손쉽게 씁니다. 당신들 또한 "고스톱"이라는 놀이를 즐기면서, "고"와 "스톱"쯤은 영어를 따로 익히지 않았어도 쓰실 줄 압니다. "서다" 와 "멈추다" 같은 토박이말도 알 뿐더러, 이러한 토박이말을 잘 쓰면서도, 아주 바쁠 때에는 얼결에 "스톱" 또는 "스돕" 이라는 말이 튀어나옵니다.

잠깐! 잠깐!

멈춰! 멈춰!

서! 서!

어이! 어이!

…

멈추어 달라며 소리를 칠 때에는 "멈춰" 나 "서" 같은 말로 외칠 수 있습니다. 그리고 "어이" 나 "잠깐" 같은 말로, 때로는 "야" 나 "이봐" 나 "이보게" 나 "여보시오" 같은 말로 외칠 수 있습니다.

스트레스stress 053

새 생명을 다루는 분만실은 늘 급박하게 돌아가기 때문에 스트레스가 많은 곳이거든요.

「김시자 평전, 부르지 못한 연가」 28쪽, 안재성, 삶이보이는창 2006

"급박急迫하게"는 "바쁘게"나 "부산하게"로 고쳐 줍니다. "새 생명生命"은 그대로 둘 만하지만 "새 목숨"으로 다듬을 수 있고, "갓난아기"로 다듬어도 잘 어울립니다. "분만실分娩室" 또한 그대로 둘 수 있으나 "아기낳이방"이나 "아기방"으로 손볼 수 있어요.

스트레스가 많은 곳

→ 짜증이 많이 나는 곳

→ 골치가 많이 아픈 곳

→ 골치를 썩이는 곳

→ 고되고 힘겨운 곳

→ …

짜증이 하나둘 늘어나면서 골치가 아픕니다. 머리가 욱씬욱씬 쑤십니다. 머리가 쑤시니 괴롭습니다. 괴로우니까 고달프거나 고됩니다. 일이 참 힘들거나 힘겹습니다. 손쉽게 풀어내면 좋으련만 자꾸자꾸 실타래가 엉기면서 골칫거리가 늘어납니다.

마음과 몸에 쌓인 괴로움이나 짜증은 풀어내야 합니다. 씻어내거나 털어내야 합니다. 떨쳐내거나 솎아내야 합니다.

국어사전 풀이를 봅니다. "스트레스"는 "짜증"으로 고쳐쓰라고 나옵니다. 그런데 이 국어사전 보기글에는 "스트레스 때문에 짜증이 늘었다"는 글월이 실립니다. 허허허. 미국말 "스트레스"가 우리 말로 "짜증"이라면, "스트레스 때문에 짜증이 늘었다"는 "짜증 때문에 짜증이 늘었다"는 소리가 되는데, 국어사전에 싣는 보기글을 이처럼 달면 어떡하나요. "스트레스 때문에 짜증이 늘었다"는 글월은 "골치가 아픈지 부쩍 짜증이 늘었다"라 하거나, "괴로운지 부쩍 짜증이 늘었다"라고 풀어내면 좋으리라 생각합니다. 국어사전에 실린 다른 보기글 "스트레스 해소"는 "짜증 풀이"로 풀어내면 좋으리라 생각합니다.

곰곰이 생각합니다. 구태여 "스트레스" 같은 낱말을 국어사전까지 뒤적여 알아보는 사람이란 없겠지요. 어쩌면 국어사전에서 이런 영어를 찾아보는 사람이야말로 국어학자들을 짜증스럽게 하는 셈인지 모릅니다. 영어든 아니든 그냥 쓸 노릇이지 뭐 하러 국어사전까지 뒤적이느냐며 짜증을 부릴는지 모릅니다.

스파르타Sparta 054

그렇다고 자연 속에서 힘겹게 생활해야 하는 스파르타식 교육도 아니다.

「산촌 유학」 7쪽, 고쿠분 히로코/손성애 옮김, 이후 2008

"자연 속에서"는 "자연에 묻혀"나 "자연에 파묻혀"나 "자연에 갇혀"나 "자연에 가두어"로 다듬습니다. "생활生活해야"는 "살아야"나 "지내야"로 손질합니다.

스파르타식 교육도 아니다
→ 다그치는 교육도 아니다
→ 몰아세우는 교육도 아니다
→ 꽉 짜여 있는 교육도 아니다
→ 답답하고 고된 교육도 아니다
→ …

서양 역사에 나오는 이름 "스파르타"가 우리 삶터 구석구석 스며들었습니다. 다른 자리보다, 아이들을 가르치는 자리에 자주 쓰이고, 아이들을 가르칠 때 "몽둥이를 들고 다그치는" 일이라든지 "머리에 지식조각을 가득 집어넣으며 몰아세우는"

일을 나타내곤 합니다.

이래저래 쓰기에 그예 쓰일 수 있고, 여러모로 지난날 역사에서 "스파르타"와 우리네 삶터가 잘 어울리거나 맞물린다고 느끼기에 쓰일 수 있습니다. 다만, 아이들을 가르치는 자리에서까지 나라밖 이야기를 빗대어 가리켜야 할까 궁금하고, 우리 깜냥껏 우리 아이를 아름답고 알차게 가르칠 수 없는가 궁금합니다. 잘 가르치면 잘 가르치는 대로 이야기하고, 잘못 가르치면 또 잘못 가르치는 대로 이야기하면 됩니다. 한 번 두 번 바깥물에 빠지거나 길들면, 세 번 네 번으로 이어지다가는 끝내 고리를 끊지 못하고 맙니다.

스스로 서야 하고 스스로 일으켜야 하며 스스로 갈고닦아야 합니다. 가르침도 삶터도 슬기도 말도 스스로 가꾸고 스스로 보듬어야 합니다.

스푼spoon 055

그때 그들은 대략 부러움 두 스푼에 호기심 반 스푼이 뒤섞인 표정을 보여준다.

「자전거, 도무지 헤어나올 수 없는 아홉 가지 매력」 16쪽, 윤준호·반이정·지음·차우진·임익종·박지훈·서도은·조약골·김하림, 지성사 2009

"대략大略"은 "얼추"나 "으레"로 다듬고, "표정表情"은 "얼굴"로 다듬어 줍니다.

부러움 두 스푼에 호기심 반 스푼

→ 부러움 두 숟가락에 호기심 반 숟가락

→ 부러움 두 숟깔에 호기심 반 숟깔

→ 부러움 가득한 채 호기심 조금

→ …

고즈넉한 밤기운을 느끼던 어느 날 문득 국악방송을 듣고 싶어 라디오를 켜 봅니다. 마침 한과 만드는 이야기를 한창 합니다. 그런데 한과 만드는 이야기를 펼치는 분께서는 밤으로 만드는 과자인 "밤과자"를 두고 한자 "밤 율栗"을 붙여 "율랑"이라 한다고 말씀합니다. 이분 말씀이 끝나니 방송국에서 함께 방송을 하며 옆에 있던 분들이 하나같이 "율랑"이라는 이름이 참으로 곱다고 북돋웁니다.

날밤

생률生栗

그러고 보면 사람들은 "날밤"을 두고 "날밤"이라 하기보다는 "생률"이라는 이름을 붙이려고 합니다. 제가 살던 인천에는 "율목동"이 있는데, 이 동네에 사는 분이나 이웃 동네에 사는 분이나, 이 동네이름이 "밤나무골"에서 비롯한 줄을 알지 못합니다. 우리 말 "밤나무"를 한자로 옮겨적으면 "율목栗木"이거든요.

"꿀 네 스푼. 단 게 싫으면 세 스푼."

국악방송에 나와 한과 가운데 밤과자 만드는 이야기를 펼치는 분 말씀이 이어집니다. 이분은 "꿀 네 스푼"이니 다른 무엇 "몇 스푼"이니 하면서, 과자 빚을 때에 넣을 여러 가지가 무엇인가를 알려줍니다.

과자에 붙이는 이름으로는 한자를 붙이고, 과자를 빚으며 무엇인가를 얼마큼 넣는다 할 때에는 영어를 넣습니다. 이밖에도 얄궂구나 싶은 말마디를 끊임없이 되풀이합니다. 어느 대목에서도 살갑거나 손쉽거나 깨끔한 토박이말로 당신 말씀과 생각과 앎을 나누어 주지 않습니다.

라디오를 끕니다. 한숨을 후유 내뱉습니다. 국악방송이라고 해서, 이 방송에 나오는 이들이 나라밖 문화는 멀리하고 나라안 문화만 사랑해야 하는 법은 없습니다. 나라밖 말, 그러니까 바깥말은 안 쓰고, 나라안 말, 그러니까 토박이말만 알뜰히 살펴서 써야 할 까닭은 없습니다. 그렇지만 궁금합니다. 우리한테 "숟가락"이 없어서 "스푼"을 들여와야 하는가요? 차를 마시면 "차숟가락(찻숟가락)"일 텐데, 차가 아닌 "티tea"가 되면서 "티스푼"만 써야 하는가요.

영어 "스푼"은 들온말로 받아들여 국어사전에 실립니다.

스푼spoon

1. 서양식 숟가락. 테이블 스푼, 티스푼 따위가 있다. "숟가락", "양숟가락"으로 순화.

–커피 스푼 / 스푼으로 수프를 떠먹다

2. 음식물을 담아 그 분량을 세는 단위.

– 설탕 한 스푼 / 밀가루 다섯 스푼

숟갈

"숟가락"을 줄인 말.

숟가락

밥이나 국을 떠먹는 연장.

국어사전에서 "숟가락"과 "숟갈"을 찾아봅니다. 이 낱말에도 "스푼 2"와 같은 뜻풀이가 달립니다. "스푼"은 "숟가락"으로 고쳐쓰라는 풀이말이 달립니다.

그러나, 이 풀이말마따나, "스푼"을 "숟가락"으로든 "양숟가락"으로든 고쳐서 쓰는 분은 몹시 드물지 않느냐 싶습니다. 차를 마시면서 "티타임"이라 하듯, 차를 끓이면서 "티스푼"을 말할 뿐입니다. 국을 뜨든 국물을 뜨든 물을 뜨든 밥을 뜨든 "숟가락"으로 뜬다고 하는 사람이 있는 한편 "스푼"을 찾는 사람도 제법 많습니다. 그리고, 서양밥을 먹는 자리에서는 언제나 "스푼"일 뿐입니다.

숟가락 / 숟갈

차숟가락(찻숟가락) / 밥숟가락 / 국숟가락(국자)

부엌에서 쓰니 부엌칼이요, 막 쓰니 막칼이며, 회를 저밀 때에 쓰니 회칼입니다. 주머니에 넣고 다녀 주머니칼이고, 수염을 깎을 때에 쓰면 수염깎이칼입니다. 이와 마찬가지로, 숟가락 또한 쓰는 때와 곳에 따라서 알맞게 새이름을 붙이면 됩니다. 밥버릇대로, 밥삶대로, 밥흐름대로, 알뜰살뜰 숟가락을 잘 쓰면 됩니다.

시니어senior 056

바로 위 선배 기자와는 경력으로 6년 차여서 웬만한 기사거리는 내게 할당되었고, 그 시니어급 기자들은 나의 열성과 아이디어를 따뜻하게 받아 주고 이끌어 주었다.

「글 뒤에 숨은 글」 190쪽, 김병익, 문학동네 2004

"6년六年 차差여서"는 "여섯 해가 벌어져서"로 손봅니다. "할당割當되었고"는 "주어졌고"나 "떨어졌고"로 손질합니다. "나의 열성熱誠과 아이디어idea"는 "내 바지런함과 생각"으로 고쳐씁니다.

시니어급 기자들

→ 중간급 기자들

→ 중견 기자들

→ …

국어사전에서 "시니어"를 찾아보니, 영국 경제학자 이름이 덜컥 뜹니다. 이이가 얼마나 훌륭하기에, 다른 곳 아닌 한국 국어사전에 이름이 실릴까 궁금합니다. 그래, 이렇게 나라밖 경제학자 이름을 싣는 한국 국어사전이, 한국 경제학자 이름도 실어 놓을까 궁금하군요.

영어사전에서 "시니어senior"를 찾아봅니다. 그림씨로 여덟 가지 뜻이 달립니다. 이름씨로도 네 가지 뜻이 달립니다. 이름씨 뜻풀이를 살피면, "1 연장자, 손윗사람; 고로古老, 장로長老. 2 선임자, 고참자, 선배, 상급자. 3 상관, 상사, 수석자. 4 〔영〕(대학의)상급생, 〔미〕 (대학 등의) 최상급생" 들이 실립니다. 한 마디로 말하자면, 한국말 "손윗사람"이나 "윗사람"을 가리키는 미국말이라고 하겠습니다.

윗기자

높은기자

초등학교 학년을 나눌 때 "높은학년"과 "낮은학년"을 나눕니다. 언론사에서 기자를 나눈다고 한다면, 이때에도 "높은기자"와 "낮은기자"를 나눌 수 있을까요. 직급에 따라 나눈다고 할 때 말입지요.

아니면, 그동안 써 온 "중견 기자"라는 말을 써 줍니다. "중간 기자"라 해도 괜찮습니다. "선배 기자"라 해 볼 수도 있습니다. 보기글을 보면, 첫머리에 "선배 기자"라고 했다가, 곧이어 "시니어급 기자"라 합니다. 그러니까, "선배 기자"와 "시니어급 기자"는 같은 말인 셈입니다.

시티 투어city tour 057

오늘은 쉬엄쉬엄 시티 투어를 해 보기로 했다. 그동안 몇 군데의 유적지 여행은 다녀왔지만, 막상 가장 자주, 그리고 오래 머문 꾸스꼬에서는 구경다운 구경을 못한 것 같다.

「영혼을 빗질하는 소리」 96쪽, 저문강, 천권의책 2009

"몇 군데의 유적지 여행은 다녀왔지만"은 "몇 군데 유적지는 다녀왔지만"으로 다듬고, "구경을 못한 것 같다"는 "구경을 못 한 듯하다"로 다듬습니다.

시티 투어를 해 보기로

→ 도시 구경을 해 보기로

→ 시내 나들이를 해 보기로

→ 시내를 돌아보기로

→ 시내를 둘러보기로

→ 시내를 돌아다녀 보기로

→ …

보기글을 살피면, 처음에는 "시티 투어"라 말하고, 다음으로는 "유적지 여행"을 말한 다음, 마지막으로 "구경다운 구경"을 말합니다. 처음에는 영어로 말하고, 다음에는 한자말로 말하며, 끝에는 토박이말로 말합니다.

가만히 보면, 우리 나라 사람들은 손쉬운 일거리 하나 가리킬 때에도 "세 나라 말을 마음껏 쓰는" 셈입니다. 어린이부터 어른까지, 여느 사람부터 지식인까지, 한국땅에서 태어나 자란 웬만한 사람은 으레 "세 나라 말을 아무렇지도 않게 알고 쓰며 나누는" 셈입니다.

시골로 나들이를 가든, 도시로 마실을 떠나든, 이제는 어느 여행사에서든 "시티 투어"를 말합니다. 크고작은 도시마다 "시티 투어 버스"를 두곤 합니다. 시나 군에서 일하는 공무원은 "시티 투어" 계획을 내놓고, 나라안 여행을 하든 나라밖 여행을 하든 사람들 스스로 "시티 투어" 계획을 짜거나 정보를 얻으려 합니다.

영어를 쓰는 나라밖 사람들이야 마땅히 "시티 투어city tour"일 텐데, 영어가 아닌 한국말을 쓰는 이 나라 사람들까지 "시티 투어"여야만 하는지 모르겠습니다만, 말흐름이며 삶흐름이 이와 같습니다. 한국에서 살아가는 우리는 이 나라를 두루 돌아다닐 때에, 이러한 나들이를 꾸밈없이 가리키는 "도시 여행"이든 "도시 나들이"라고 해야 올바르지 않나 싶습니다.

도시에서 "시티 투어"라 한다면, 시골로 나들이를 떠날 때에는 "컨트리 투어"가 되는가요. 도시에서 살아가는 모습을 놓고 "도시 삶"이든 "도시살이"이든 "도시 생활"이라 하지 않고 "시티 라이프city life"라 말하니, 시골에서 살아가는 모습이라면 "컨트리 라이프"라 해야 할는지요.

시티 투어

도시 구경 / 도시 여행

시내 나들이 / 시내 돌아보기 / 골목 둘러보기 / 골목 마실

말은 생각을 잡아먹거나 살찌웁니다. 어떠한 말을 하느냐에 따라 내 생각은 나날이 야윌 수 있고 나날이 아름다워질 수 있습니다.

삶은 말을 뒤흔들거나 가꿉니다. 어떠한 삶을 꾸리느냐에 따라 내 말은 날마다 어수선할 수 있고 날마다 싱그러울 수 있습니다.

말을 옳게 가누면서 생각과 삶을 옳게 가눕니다. 말을 아무렇게나 내팽개치면서 생각과 삶 또한 아무렇게나 내팽개칩니다. 삶을 옳게 가눌 때에 생각과 말을 옳게 가눕니다. 삶을 함부로 내동댕이치는 사람이라면 생각과 말 또한 함부로 내동댕이치는 매무새에 익숙해지고 맙니다.

심플simple 058

보기와는 다르게 심플하고 깔끔한 걸 좋아하는 내 성격은 사진에서도 그대로 나타난다…. 내가 인물촬영에서 즐겨 사용하는 구도는, 인물만 있는 심플한 백그라운드를 설정한 뒤…풍경 또한 인물촬영과 마찬가지로 심플하고 깨끗하게 촬영하는 편이다.

「당신에게 말을 걸다」 354-356쪽, 백성현, 북하우스 2008

"내 성격性格은"은 그대로 두어도 되나, "나는"으로 손보면 한결 낫습니다. "인물촬영人物撮影에서 즐겨 사용使用하는 구도構圖는"은 "사람을 찍을 때 즐겨 쓰는 틀은"으로 다듬고, "인물人物"은 "사람"으로 다듬으며, "백그라운드background"는 "뒤"나 "뒷모습"이나 "바탕"으로 다듬습니다. "설정設定한"은 "잡은"이나 "마련한"으로 손질하고, "촬영撮影하는"은 "찍는"으로 손질해 줍니다.

심플하고 깔끔한 걸

→ 가볍고 깔끔한 걸

→ 홀가분하고 깔끔한 걸

→ 꾸밈없고 깔끔한 걸

→ 수수하고 깔끔한 걸

손쉽게 할 수 있는 일을 손쉽게 하지 않는 분이 생각 밖으로 꽤 많습니다. 손쉽게 이룰 수 있는 일을 손쉽게 매만지지 않는 분이 뜻밖에 퍽 많습니다. 손쉽게 쓰면 넉넉한 글을 손쉽게 쓰지 않는 분도, 손쉽게 하면 되는 말을 손쉽게 펼치지 않는 분도 제법 많습니다.

어쩌면, 이 나라 거의 모든 사람들은 일이 되건 놀이가 되건 말이 되건 글이 되건, 손쉽게 즐기면서 나누기보다는, 자꾸자꾸 겉치레로 꾸미고 덧바르면서 까다롭거나 어렵게 되도록 하는지 모릅니다. 손쉽게 즐기면서 더 널리 함께할 길을 찾기보다, 홀로 자랑하거나 뽐내거나 내세우려 하는지 모릅니다.

심플한 백그라운드를 설정한

→ 깨끗한 배경을 잡은

→ 뒤쪽을 깨끗하게 잡은

→ 뒤쪽을 말끔하게 둔

→ …

어릴 적부터 사람치레를 배우지 못합니다. 제대로 된 사람치레는 배우지 못하면서 겉치레만 보고 들으며 부대끼면서 익숙해집니다. 점수치레 영어치레 한자치레에다가 돈치레 집치레 얼굴치레만 익힙니다. 마음치레 생각치레 넋치레 얼치레는 익히지 못할 뿐더러, 마음과 생각과 넋과 얼을 착하거나 곱거나 튼튼하거나 싱그럽거나 넉넉하거나 푸근하도록 다스리도록 이끄는 어른이 없습니다.

참말 어른이 없습니다. 아이 앞에서 어른답게 말하거나 글쓰는 어른이 없습니다. 뭇사람 앞에서 올바로 말하거나 글쓰는 어른이 없습니다. 뜻하고 줄거리만 옳다 하여 옳은 말이나 글이 되지 않습니다. 이야기가 구수하거나 맛깔스럽거나 재미있다고 해서 훌륭한 말이나 글이 되지 않습니다. 알맹이부터 그릇까지 고루 알뜰하면서 두루 아름답도록 여미어야 합니다.

심플하고 깨끗하게 촬영하는

→ 단출하고 깨끗하게 찍는

→ 꾸밈없고 깨끗하게 찍는

→ 가볍고 깨끗하게 찍는

→ 쉽고 깨끗하게 찍는

→ …

온누리가 돈벌레 물줄기를 따라서 흐른다는 핑계를 댈 수 없습니다. 다른 이들은 다 저렇게 겉멋 가꾸기에 매이는데 나 혼자만 외롭게 떨어져 나올 수 없다며 둘러댈 수 없습니다. 많은 사람들이 걷는 길이 옳지 않다면, 스스로 다부지게 이런 길에서 벗어날 수 있어야 하고, 얄궂게 흘러가는 사람들을 붙잡거나 잡아끌면서 옳게 걸어가도록 도와주어야 합니다. 나 혼자만 옳게 갈 수 없으며, 다른 이가 그릇되게 가는 일을 팔짱 낄 수 없습니다.

주고받는 말이기에 줄 때와 받을 때 모두 살갑고 알차도록 마음쏟을 노릇입니다. 주고받는 사람 사이인 터라 어떤 일이나 놀이라 하든 서로서로 즐겁고 흐뭇하도록 함께할 노릇입니다. 가장 쉬운 데부터. 가장 가벼운 자리부터. 가장 수월한 일부터. 가장 홀가분하고 단출한 이야기부터.

싱글맘single mom 059

나무 벤치 세 개가 나란히 축축하다. 왼편에서는 싱글 대디 가족이 와서 앉는다. 오른편에선 싱글 맘 가족이 와서 앉는다.

「아내와 걸었다」 37쪽, 김종휘, 샨티 2007

"나무 벤치bench"는 "나무 걸상"으로 다듬습니다. "가족家族"은 "식구"로 손질해 줍니다.

오늘날 한국은 온통 미국말로 이루어집니다. 일도 놀이도 공부도 학문도 신문기사마저도 미국말투성이입니다. 아주머니 아저씨가 즐겨보는 연속극에도 미국말은 심심치 않게 튀어나오고, 할아버지와 할머니들을 마주한다는 정책이나 시설에도 미국말은 곳곳에 스며듭니다. 그러니 "나무 걸상"이라는 말을 못 쓰고 "나무 벤치"라고 쓰는 우리가 됩니다.

싱글 대디 가족이 와서 앉는다

→ 아버지와 아들네가 와서 앉는다

→ 아버지와 딸네가 와서 앉는다

→ 아빠만 있는 식구들이 와서 앉는다

→ …

싱글 맘 가족이 와서 앉는다

→ 어머니와 딸네가 와서 앉는다

→ 어머니와 아들네가 와서 앉는다

→ 엄마만 있는 식구들이 와서 앉는다

→ …

저 같은 사람들이야 "싱글맘"이나 "싱글대디"가 낯설 뿐 아니라 낯부끄러운 낱말이라 느끼지만, 이 나라 구석구석 이 낱말이 두루 퍼집니다. 이 낱말을 쓰는 분들은 더없이 당차고 떳떳하며, 영어로 가리키는 당신들 이름이 번듯하다고 느낍니다.

싱글맘이나 싱글대디가 모인다는 누리모임은 수두룩하게 많습니다. "싱글"이 아닌 사람들은 아이 이름을 따서 "아무개 맘"이나 "아무개 팜"이라는 또이름을 쓰곤 합니다. 인터넷으로 만나는 "동네 아줌마"들은 "서울맘"이니 "인천맘"이니 "부산맘"이니 하면서, 당신들 스스로 "엄마"이기보다는 "맘mom"이기를 바라고, 으레 이렇게 말해야 하거니 생각합니다. 그러나 "싱글팜"이나 "아무개 팜"처럼, 아버지를 가리켜 "팜"이라는 말까지 턱없이 만들어 쓰는 일을 보면, 말짱한(?) 영어 "맘mom"을 쓰는 일은 차라리 낫다 할 만하겠지요.

"자전거홀릭"이라 말하는 사람이 많고, "맘스홀릭"이라 말하는 사람 또한 많습니다. "맘스클럽"에 "예비맘"이니, "싱글맘" 같은 낱말은 더없이 수수한 이름이 아닌가 싶기도 합니다.

"홀어미"와 "홀아비"라는 낱말이 있습니다. 저마다 옆지기가 먼저 죽어 없는 홑짝을 가리키는 낱말입니다. "싱글맘"이나 "싱글팜" 또는 "싱글대디"란, 제 짝꿍이 죽어서 없는 사람만 가리키지 않는다고 하기 때문에, 여러모로 "홀어미"나 "홀아비"를 달가이 여기지 않는다고도 합니다.

그런데, 우리 말 "홀어미"와 "홀아비"는 왜 "옆지기가 죽어서 없는 홑짝"만 가리켜야 할까 궁금합니다. "옆지기가 죽어서 없는 홑짝"뿐 아니라 "옆지기와 헤어져 홀로 지내는 남은 짝"을 가리키는 자리에는 쓸 수 없는지 궁금합니다. 삶터가 달라지면 낱말뜻도 달라지기 마련이고, 삶흐름에 걸맞게 숱한 낱말뜻이 새로 담기곤 합니다.

홀어미 / 홀아비 – 홀어버이

홑어미 / 홑아비 – 홑어버이

한어미 / 한아비 – 한어버이

외어미 / 외아비 – 외어버이

…

한쪽 어버이만 있다고 해서 "한부모"라는 새말을 씁니다. 이와 마찬가지로 "한어버이"라는 낱말을 쓸 법합니다. 여기에, "한어미"와 "한아비" 같은 말 또한 쓸 만합니다.

나 스스로 내 모습을 있는 그대로 바라보고 느끼고 생각한다면, 내 삶자락을 알맞게 담아낼 싱그럽고 수수한 낱말은 얼마든지 얻어낼 수 있습니다. 나 스스로 내 모습을 치레하고프기만 하다면, 겉차림에만 매달리거나 얽매인다면, 속치레와 속가꿈에는 눈을 두지 못한다면, 이제나 앞으로나 온통 영어나라가 될밖에 없습니다.

영어나라가 되는 일이 나쁜 삶이지 않습니다. 내 삶을 내 손으로 가꾸지 못하고 남한테 기대기만 하는 흐름에 젖어들면서 넋과 얼은 흐리멍덩해지고 마음과 생각은 쪼그라들고 말기 때문에 안쓰럽고 슬플 뿐입니다.

아마추어amateur 060

저 같은 아마추어도 무농약으로, 프로 농사꾼이라고 해도 손색이 없을 만큼의 수확을 올릴 수 있었으니 말입니다.

「즐거운 불편」 158쪽, 후쿠오카 켄세이/김경인 옮김, 2004 달팽이

까닭은 과학자는 정치에 관하여 다소 비현실적이며 아마튜어이기 때문이다.

「핵전쟁」 43쪽, 랠프 랩/표문태 옮김, 1970 현암사

"무無농약으로"는 "농약 없이"나 "농약 안 치고"로 다듬고, "프로pro 농사꾼"은 "훌륭한 농사꾼"이나 "솜씨 좋은 농사꾼"으로 다듬어 봅니다. "손색遜色이 없을 만큼의 수확收穫을 올릴"은 "틀리지 않을 만큼 잘 거두어들일"이나 "고개를 끄덕일 만큼 훌륭히 거두어들일"로 손보고요. "까닭은"만을 글 첫머리에 적을 수 없습니다. "그러한 까닭은"이나 "이러한 까닭은"처럼 적어야 올바릅니다. "정치에 관關하여"는 "정치에"나 "정치를 생각할 때"로 손봅니다. "다소多少"는 "저으기(적이)"나 "적잖이"나 "꽤"로 다듬고, "비현실적非現實的이며"는 "현실과 동떨어지며"나 "현실을 잘 모르며"나 "현실을 못 느끼며"나 "눈이 어두우며"로 다듬습니다. "엉뚱하며"로 풀어도 괜찮습니다.

저 같은 아마추어도

→ 저 같은 풋내기도

→ 저 같은 얼치기도

→ 저처럼 처음 해 보는 사람도

→ …

전문가가 아닌 사람은 아직 익숙하지 않은 사람입니다. 아직은 서툴거나 모자란 사람입니다. "풋내기"이고 "새내기"이며, 때로는 "얼치기"이기도 합니다. "병아리"라고도 하겠지요.

다른 한편으로 보면, 전문가라는 사람은 전문 직업인이곤 합니다. 전문 직업인이 아닌 사람 가운데에는 그저 좋아하거나 즐기는 사람이 있습니다. 이리하여 "농사 즐김이"라든지 "농사를 좋아하는 사람"이 있습니다.

아마튜어(아마추어)이기 때문이다

→ 잘 모르기 때문이다

→ 어설프기 때문이다

→ 어리숙하기 때문이다

→ 어리벙벙하기 때문이다

→ …

한편, 어수룩하거나 어리석은 사람, 어리벙벙하거나 얼빠진 사람을 가리켜 "얼간이"나 "못난이"라 할 수 있습니다. 이 자리에서는 "젬병"이나 "바보"를 넣어도 어울립니다.

까닭은 과학자는 정치에 관하여 다소 비현실적이며 아마튜어이기 때문이다

→ 왜냐하면 과학자는 정치를 잘 모르고 적잖이 엉뚱하기 때문이다

정치꾼이 바라보기에 과학자는 세상을 잘 모를 뿐 아니라 "엉뚱한 소리나 해대는군!" 하는 느낌이 들 수 있습니다. 곰곰이 헤아리면, 정치꾼이 소설쟁이나 시쟁이를 바라볼 때에도 이와 마찬가지입니다. 정치꾼이 사진쟁이나 그림쟁이를 볼 때에도 서로 마찬가지일 테지요.

아웃out 061

"저런. 그걸로는 좀 모자라는데. 간당간당 아웃."

「요츠바랑! 7」 130쪽, 아즈마 키요히코/금정 옮김, 대원씨아이 2008

"그걸로는"은 그대로 두어도 되지만, "그 돈으로는"으로 손질하면 한결 낫습니다.

간당간당 아웃

→ 간당간당 죽었다

→ 간당간당 땡

→ 간당간당 안 됩니다

→ …

야구 경기에서 살아나가면 "세이프safe"라 하고, 살아나가지 못하면 "아웃out"이라고 말합니다. 으레 영어로 "세이프-아웃"을 말하지만, 우리 말로 "살다-죽다"를 말하기도 합니다.

운동경기 가운데 야구가 퍽 널리 사랑받기에, 야구에서 쓰는 말 "세이프-아웃"이 우리들 여느 삶으로 파고들곤 합니다. 어떤 금을 넘으며 잘 풀리면 "세이프"이고, 못 넘거나 안 되면 "아웃"이라고 이야기합니다.

생각해 보면, 운동경기에서 쓰는 낱말일 뿐인데 이런 낱말을 구태여 영어라고 갈라서, 무엇하러 고쳐써야 하느니 덜어야 하느니 다듬어야 하느니 하고 따지느냐고 여길 수 있습니다. 이러한 생각은 어느 모로 보면 틀리지 않습니다. 그러나, "베이스볼"이라 하지 않고 "야구"라고 하거나 "공놀이"나 "공치기"라고 말하기도 하듯이, "세이프-아웃" 또한 "살다-죽다"로 담아낼 수 있습니다. 운동경기에서 쓰는 영어를 삶으로 받아들여서 쓸 수 있는 한편, 여느 삶에서 쓰는 낱말을 운동경기 낱말로 풀어낼 수 있어요.

아지트agitpunkt (러) 062

이 집에는 비합법적인 아일랜드 독립운동모임의 회원이 모여서 의논하는 더할 수 없이 좋은 아지트가 되어 있었다.

「엥겔스의 아내」 190쪽, 다마이 시게루/정석암 옮김, 친구 1989

"비합법적非合法的인"은 "법 테두리 밖에 있는"이나 "법에서 받아들이지 않는"으로 풀어내 봅니다. "독립운동모임의 회원"은 "독립운동모임 사람"으로 손봅니다. "회원會員"은 "모임을 이루는 사람"을 뜻하니 겹말이 됩니다. "의논議論하는"은 "이야기를 나누는"으로 고쳐 줍니다.

좋은 아지트가 되어 있었다
→ 좋은 비밀모임터가 되었다 / 된 모양이었다
→ 좋은 곳이 되었다 / 된 모양이었다
→ 좋은 보금자리가 되었다 / 된 모양이었다
→ 좋은 모임터가 되었다 / 된 모양이었다
→ …

국어사전 풀이에서 "아지트"를 "범죄를 저지르는 사람"이 모인 곳으로 다룹니다. "노동 쟁의와 같은 급진적인 활동에서 쓴다"라는 풀이까지 달립니다. 썩 달갑지 않습니다. 어느 한편을 깐내리거나 비뚤어지게 보는 눈길이 담긴 국어사전입니다. 국어사전 말풀이가 이러하다면 "독립운동 아지트" 같은 말마디는 어떻게 바라보아야 할까요.

돌이켜보면, 제 어릴 적 동무들하고 전쟁놀이를 할 때, 서로서로 "아지트"를 만든다며 법석이었습니다. 요즈음도 꼬마들은 "아지트" 만들기를 좋아합니다. 사람들이 모이는 자리, 어느 모임 사람들이 텃밭처럼 여기면서 눌러붙어 지내는 자리를 가리킬 때 "아지트"라는 말을 씁니다.

곰곰이 생각합니다. 국어사전쯤 된다면, 쓰임새가 훨씬 넓어진 말느낌을 찬찬히 살피며 두루 담아내야 하지 않느냐 싶습니다. 말 한 마디를 다루건 말 즈믄 마디를 살피건, 얄궂게 치우친 생각을 담지 말아야 한다고 생각합니다.

모임터 / 만남터

비밀모임터

비밀스레 모이는 곳이면 "비밀모임터"라 할 수 있습니다. 굳이 비밀스럽게 모이지 않는 곳이면 "모임터"나 "만남터"나 "어울림터"라 할 수 있습니다. 사람들이 모이는 곳 느낌이 어떠한가에 따라서 "보금자리"라 해도 괜찮습니다.

안전벨트安全belt 063

곧 홍콩공항에 도착하므로 안전벨트를 매고 비행기가 완전히 착륙하기 전까지 움직이지 말라는 안내방송이 흘러나왔다.

「페놀소동」 118쪽, 전수일, 작가마을 2008

"도착到着하므로"는 "닿으므로"나 "내리므로"로 손봅니다. "완전完全히 착륙着陸하기 전前까지"는 "다 내리기 앞서까지"나 "다 내려서 멈출 때까지"로 손질합니다.

안전벨트를 매고

→ 안전띠를 매고

→ 자리띠를 매고

→ …

"안전벨트"는 "안전띠"로 고쳐서 쓸 말입니다. 여러 신문과 방송에서 곧잘 이런 이야기를 기사로 다루곤 합니다. 그렇지만 이 말투는 좀처럼 고쳐지지 않습니다. 고쳐쓰자고 하는 분들은 알뜰히 고쳐쓸는지 모릅니다만, 이런 이야기를 듣는 사람 스스로 올바르게 고쳐쓰지 못합니다. 이야기를 들어도 쉬 잊고, 이야기를 아예 못 듣기도 하며, 이야기를 해도 한귀로 흘립니다.

그런데, 국어사전을 들춰 보니, "안전벨트를 매다"라는 보기글과 함께 "안전띠 착용着用"이라는 보기글이 실립니다. 둘은 다른 말일까요? 다른 뜻으로 쓴 말일까요? 다른 자리에 쓸 말일까요?

"안전"하라고 매는 띠라서 "안전띠"입니다. 안전하라는 띠는, 다치지 말라는 띠이며, 이러한 띠는 자동차이든 비행기이든 우리가 "앉는 자리에" 붙습니다. 그래서 이와 같은 띠를 두고 "걸상띠"나 "자리띠"라고 이름을 붙일 수 있습니다. "지킴띠" 같은 이름을 붙여도 잘 어울리고요. 띠는 풀고 맵니다. 자리띠든 안전띠든 지킴띠든 풀어야 하고 매어야 합니다.

몸을 지키고자 하는 띠인 만큼, 몸을 지키려는 매무새 그대로 마음을 지키고 넋을 지키며 생각을 지키고자 우리 말과 글을 알뜰히 추스르면 좋겠습니다.

알레르기Allergie (독) 064

이러한 종류의 선물에 대한 알레르기가 있다는 것을 설명할 겨를도 없이 포장이 열리고 나에게는 온몸이 쑤셔오는 통증이 죄어 왔다.

「내 안의 야생공원」 82쪽, 김유미, 신구문화사 1999

"이러한 종류種類의 선물에 대對한"은 "이러한 선물에"로 다듬습니다. "설명說明할"은 "이야기할"이나 "말할"로 손보고, "통증痛症"은 "아픔"으로 손봅니다.

선물에 대한 알레르기가 있다는

→ 선물이 달갑지 않다는

→ 선물이 못마땅하다는

→ 선물에 신물이 난다는

→ 선물에 짜증이 난다는

→ 선물에 진저리가 난다는

→ 선물을 싫어한다는

→ …

국어사전을 살펴보니, "알레르기Allergie"는, "1 처음에 어떤 물질이 몸속에 들어갔을 때 그것에 반응하는 항체가 생긴 뒤, 다시 같은 물질이 생체에 들어가면 그 물질과 항체가 반응하는 일. '거부 반응', '과민 반응'으로 순화"한다고 쓰고, "세제 알레르기 / 햇볕 알레르기 / 알레르기를 일으키다"를 보기글로 내세웁니다. 또한 다른 뜻으로, "2 어떤 사물이나 현상을 거부하는 심리적 반응을 비유적으로 이르는 말"이라고 쓰고, 보기글로 "그때 그 친구 이야기만 꺼내면 심한 알레르기 반응을 보인다"고 씁니다.

책 보기글에서는 "받고 싶지 않은 선물을 받아서 고단하다"고 이야기합니다. 그래서 이 자리에서는 "짜증이 난다"고 하거나 '진절머리가 난다'고 할 수 있습니다. "귀찮아한다"고 하거나 "싫어한다"고 해도 되고요.

에너지energy 065

허영심이 강한 사람은 엄청난 에너지를 사용하여 자기를 크게 보이게 하면서 상대를 압도하려고 합니다. 말하자면 힘을 과시하는데…

「격려 속에서 자란 아이가 자신감을 배운다」 35쪽, 가토 다이조/송현아 옮김, 열린책들 2004

"허영심虛榮心이 강强한"은 그대로 두어도 나쁘지 않으나, "겉치레를 좋아하는"이나 "겉치레에 빠진"으로 손볼 수 있습니다. "사용使用하여"는 "써서"로 다듬고, "자기自己를"은 "나를"이나 "내 모습을"로 다듬으며, "상대相對를 압도壓倒하려고"는 "맞은편을 누르려고"나 "다른 사람을 눌러 버리려고"로 다듬어 봅니다. "과시誇示하는데"는 "자랑하는데"나 "뽐내는데"나 "우쭐거리는데"나 "젠 체하는데"로 손질해 줍니다.

엄청난 에너지를 사용하여

→ 엄청난 힘을 써서

→ 엄청난 기운을 써서

→ 엄청난 품을 들여

→ …

오늘날에는 영어 "에너지energy"는 더는 영어가 아니게 되었습니다. 정부 기관 이름을 "에너지관리공단"이니 "에너지경제연구원"이니 하고, "에너지기본법"이니 뭐니 하면서, 어디에서나 "에너지"를 들먹입니다. "센터" 같은 영어가 영어 아닌 말이 되면서 "동주민센터"처럼 쓰는 일하고 서로 매한가지입니다. "태스크 포스" 같은 말 또한 버젓이 쓰는 모습하고도 모두 같습니다.

이 나라 사람들은 겉으로는 "한글이 지구별에서 가장 훌륭한 글" 하고 읊지만, 정작 삶에서는 한글을 깔보거나 업신여기거나 함부로 다룹니다. 말이 좋아 "세계 문화유산"인 한글이라고 하지, 이 세계 문화유산을 어떻게 다루고 갈고닦으며 북돋울는지는 조금도 살피지 않습니다. 하기는, 한국땅 정치꾼과 공무원이 국립공원 다루는 매무새를 보면 어렵지 않게 알 수 있습니다. 정치꾼과 공무원 아닌 여느 사람들 또한 국립공원을 어떻게 망가뜨리는지 살펴보면 손쉽게 깨달을 수 있습니다.

이 나라에서 우리 말과 한글은 푸대접이 아닌 막대접이요, 따돌림이 아닌 깎아내림입니다.

예전에 언제였던가, "메칸더 브이"라는 만화영화가 나온 적이 있는데, 이 만화영화 노래를 들으면, "…원자력 에너지의 힘이 솟는다…" 하는 대목이 있습니다. 퍽 오래된 때 만화영화인데, 이때에도 "원자력 힘"이 아닌 "원자력 에너지"라고 이야기합니다.

솔라에너지 / 태양에너지 / 햇볕에너지

→ 햇볕힘

제가 초등학교를 다니던 1980년대 첫머리에도, 학교 교사들은 으레 "태양에너지" 이야기를 꺼냈습니다. 그때에도 먼 앞날 지구자원이 메마를 일을 걱정하면서 이런저런 이야기를 꺼내었을 텐데, "풍력에너지"나 "조류에너지" 같은 다른 "힘" 이야기를 함께 했어요.

어릴 적부터 오늘에 이르기까지, 어느 환경모임이나 환경운동가한테서도 "햇볕힘" 같은 말마디를 듣지 못합니다. 그나마 "햇볕에너지"라는 말마디조차 못 듣습니다. 이제는 "태양에너지"조차 아닌 "솔라에너지"라는 말마디가 튀어나옵니다.

바람한테서 힘을 나누어 받으니 "바람힘"일 테지만, "바람힘"이라 말하는 사람 또한 만나지 못했어요. 하물며, "물결힘"이나 "바다힘"을 말할 줄 아는 사람이 있겠습니까.

풍력에너지 → 바람힘

조류에너지 → 물결힘

파력에너지 → 바다힘

다만, 이제 와서 "에너지정책"을 "힘정책"이나 "기운정책"으로 고쳐 말할 수 없다고 느낍니다. "에너지기본법"이나 "에너지관리공단" 이름 또한 고칠 수 없습니다. 이런 이름은 그대로 둘밖에 없다고 느낍니다. "노동부"를 "일부"로 고치기 어려운 대목하고 같습니다.

그렇지만, 구태여 "에너지"라고 안 해도 되는 대목에서는 넉넉히 이런 말마디를 털어내 준다면 좋으리라 생각합니다. 슬기와 깜냥을 빛내고 때와 자리를 살피며, 한결 알차고 알맞으며 아름다이 북돋울 말마디를 생각하면 즐거우리라 봅니다. 얄궂은 백 군데를 모두 다듬어 낸다면 더없이 훌륭할 테지만, 백 군데 가운데 다문 한 군데라도 다듬어 낼 수 있는 한겨레가 되기를 꿈꾸어 봅니다.

말조각 하나를 붙잡으면서 이 말조각마다 온 사랑을 담기를 꿈꿉니다. 온갖 믿음을 쏟아붓기를 빕니다. 이 사랑을 느끼는 가슴이 있다면 하찮게 보일지라도 달가이 받아먹을 테고, 이 믿음을 헤아리는 눈썰미가 있다면 어줍잖아 보일지라도 반가이 맞이할 테지요.

오래도록 아끼고 두고두고 보듬을 마음자리 하나로 말글이며 생각이며 삶이며 아끼거나 보듬을 이웃을 만나고 싶습니다.

국어사전 보기글 고치기

에너지energy

1. 인간이 활동하는 근원이 되는 힘.

- 그 에너지가 어디에서 근원했건 자기를 주장해 왔고
- 쓸데없이 움직여서 에너지를 소모하기가 싫다
- 그들을 완전히 압도할 만한 폭발적 에너지를 담고 있었다

2. 기본적인 물리량의 하나

그 에너지가 어디에서 근원했건 → 그 힘이 어디에서 비롯했건

에너지를 소모하기가 → 힘을 빼기가 / 기운을 쓰기가

폭발적 에너지를 → 엄청난 힘을 / 어마어마한 기운을

에세이essay 066

나는 지금까지 여기저기에 발표한 몇몇 에세이에서 세상 도처에서 볼 수 있는 빈곤의 모습에 대해 썼다.

「왜 지구촌 곳곳을 돕는가」 12쪽, 소노 아야코/오근영 옮김, 리수 2009

"발표到處한"은 "실은"이나 "선보인"으로 다듬고, "도처到處"는 "곳곳"으로 다듬습니다. "빈곤貧困의 모습에 대對해"는 "가난한 모습이 어떠한가를"이나 "가난은 어떤 모습인가를"로 손질해 봅니다.

몇몇 에세이에서

→ 몇몇 수필에서

→ 몇몇 글에서

→ …

문학에서 쓴다고 하는 낱말 "에세이"입니다만, 국어사전 말풀이를 따르자면 "수필"로 고쳐써야 올바릅니다. 그러나, 이 나라에는 "에세이"라는 이름을 내거는 문학잡지가 있는 한편, 글쟁이들은 으레 이 영어 낱말을 즐겨씁니다. 인터넷에 글을 띄우든, 신문이나 잡지에서 글을 싣든, 이런저런 꼭지 이름으로도 "에세이" 또는 "essay"를 버젓이 씁니다.

"수필"이라고 적어 보기에는 그리 어울리지 않다고 느끼기 때문일는지 모릅니다. 아무래도 "에세이"라고 해야 맛이 남다르다고 느끼기 때문일는지 모릅니다. 어차피 영어이기 때문에 한글로 "에세이"라 하기보다는 알파벳을 드러내어 "essay"라고 적어야 글멋이 살고 말맛을 키울 수 있다고 느끼기 때문일는지 모릅니다.

생각해 보면, 문학하는 분들이 "수필"이라는 낱말을 지어낸 (또는 나라밖에서 받아들인) 까닭은 "글"이라는 낱말로는 모자라거나 어설프다고 느꼈기 때문입니다. 당신들이 쓰는 "글"은 한 마디로 짤막하게 "글"이라고 적기 싫었기 때문입니다. 멋을 내고 싶었고 당신들 나름대로 새 맛을 찾고 싶었기에 한자를 빌어 "수필"이라는 말마디에 당신들 글을 꿰어맞추었습니다.

조그맣든 크든, 내 깜냥껏 우리 말과 글로 새로운 낱말을 빚어낼 생각은 아니 했습니다. 머나먼 딴 나라에서 딴 나라 글과 이야기를 받아들이려 했습니다. 이 나라에 살면서도 이 나라를 들여다보지 못했고, 이 나라에 있으면서 이 나라 이웃을 바라보지 않았고, 이 나라에서 발디디는 삶이면서도 이 나라 사람들 삶을 껴안지 않았습니다.

삶글

느낌글

생각글

마음글

…

꽤 여러 해 앞서부터 어디에선가 "삶글"이라는 말마디를 씁니다. 잡지 「삶이 보이는 창」이 아닌가 싶습니다. 한자로 치면 "생활글"인데, 이런 "생활글"이라는 말마디도 우리 터전과 사람을 이야기하기에 알맞지 않다고 느껴, 누군가가 새롭게 빚어낸 낱말입니다.

이 말마디를 처음 듣던 때, 입안에 "삶글"이라는 낱말을 넣고 또르르 굴려 보는데, 느낌이 퍽 좋았습니다. 이만한 낱말이라면 동네사람 누구한테라도 넌지시 건네고 나눌 수 있겠습니다. 한편, "삶글"과 함께 "삶말"이라는 새 말마디를 엮어도 되겠구나 싶습니다.

삶글 / 삶말 / 삶이야기

느낌글 / 느낌말 / 느낌이야기

생각글 / 생각말 / 생각이야기

마음글 / 마음말 / 마음이야기

…

하나둘 실마리가 풀리면서 이어집니다. 삶글에서 삶말을 얻고, 삶말에서 삶이야기를 얻습니다. 더 나아가면 삶꿈이라든지 삶생각이라든지 삶모습이라든지 삶넋이라든지 삶얼이라든지, 숱한 삶마디를 엮을 수 있습니다.

느낌글이 있으니 느낌말이 있고, 생각글이 있으니 생각말이 있습니다. 저마다 쓰는 글에 저마다 마음을 홀가분하게 담는다 할 때에는, "마음글"이라고 해 보면 됩니다. 사람들은 으레 "명상冥想"을 하고 "명상 강의"를 듣는다고 하는데, 곰곰이 따지면, "마음말"을 듣는 셈이며, "마음글"을 읽는 셈입니다. "명상어록"이란 곧 "마음말마디" 아니겠습니까.

그러나, 우리 스스로, 아니 이 나라 글쟁이 스스로 "에세이"를 떨쳐내기란 몹시 어려우리라 봅니다. 신문기자나 잡지기자가 꼭지 이름으로 "essay"를 씻어내기란 매우 힘드리라 봅니다. "여행 에세이"나 "travel essay"가 아닌 "여행 이야기"나 "여행 글"이지만, 이렇게 생각마디 이으려는 글쟁이나 지식인은 얼마쯤 될까요. 조금 더 마음을 쏟으면 "나들이 이야기"나 "나들이 글"이요, "마실 이야기"나 "길손 이야기"이지만, 이렇게까지 마음을 쏟을 글쟁이나 지식인이 이 나라에 있기는 있나 궁금합니다.

돌이켜보면, "꿈보다 해몽이 좋다"고 말하지, "꿈보다 꿈풀이가 좋다"고 말하지 않습니다. 꼭 "문자 한 마디" 집어넣으려고 합니다. 글쟁이와 지식인뿐 아니라 여느 사람마저도 "문자 한 마디 자랑질"을 그치지 않습니다.

말이란 자랑이 아니고, 글이란 우쭐거림이 아닙니다만, 말나눔과 글나눔을 이으려는 사람들 자취는 차츰 사라집니다. 말사랑과 글믿음을 이루려는 사람들 모습은 나날이 스러집니다. 자꾸자꾸 껍데기를 뒤집어씌우려 하고, 스스로 알맹이를 내다 버립니다.

에코eco- 067

리사이클 제품을 제대로 파는 시장이 생겨나면 좋겠습니다. 에코 상품을 선택하는 소비자가 늘어날수록…그것을 밑바탕으로 생태적 생활 정도인 에코eco 지수를 알 수 있고…

「환경가계부」 144쪽, 182쪽, 혼마 마야코/환경운동연합 환경교육센터 옮김, 시금치 2004

"리사이클recycle 제품"은 "재활용 제품"이나 "되살림 물건"으로 다듬습니다. "선택選擇하는 소비자消費者가"는 "고르는 사람이"로 손보고, "그것을"은 "이를"로 손봅니다. "생태적生態的 생활生活 정도程度"는 "자연을 얼마나 지키며 사는가"나 "환경을 얼마나 걱정하는 삶인가"로 손질해 봅니다.

"생태적 생활 정도"란 "에코eco 지수"를 풀이하는 말입니다. 아직 우리한테는 낯익은 낱말이나 낱말풀이라고 하기 어렵기에, 이 보기글에서도 보듯 일본책에 적힌 일본 한자말을 고스란히 따오기도 하고 영어를 그대로 드러내어 쓰기도 하는구나 싶습니다. 그런데 아직 우리한테 없는 말이요 문화라 할 때에는 아예 새롭게 이름을 붙여 볼 수 있지 않느냐 싶습니다. 굳이 바깥말로만 이야기할 까닭이 없습니다. "에코 지수"나 "에코eco 지수"가 아닌 "환경 지수"라 할 수 있고 "환경사랑 지수"라든지 "푸른 점수"라든지 "풀빛 점수"라 해도 어울립니다.

에코 상품

→ 자연사랑 상품

→ 환경사랑 상품

→ 푸른사랑 상품

→ 푸른 상품

→ 풀빛 상품

→ …

삶터가 흔들리거나 무너질수록 "에코"라는 말머리를 붙인 이름이 늘어납니다. 예전 스무 해쯤 앞서는 "자연"이나 "환경"이라는 낱말을 앞에 붙이곤 했습니다. 그 뒤로 어느 때부터인가 "친환경"이나 "자연주의" 같은 말마디가 생겨났고, "초록"이나 "녹색"을 내세우는 말마디가 나타나는가 싶더니, 이제는 거의 모든 자리에서 "그린green"과 "에코eco-"를 들먹입니다.

이를테면 이렇습니다. 에코하우스, 에코프로, 에코에너지, 에코솔류션, 에코메트로, 에코샵, 에코마일리지, 에코맘, 에코디자인, 에코크림, 에코뮤지엄, 에코포인트, 에코골프….

"에코메트로"란 무얼 말하는가 싶어 찬찬히 살펴보니 아파트 이름이었습니다. 요즈음 아파트 이름이야 워낙 갖가지 섞임말을 쓴다지만 "에코메트로"란 참으로 배꼽을 잡을 만한 말장난이 아닌가 싶습니다. 그러나 이러한 이름이 아무렇지 않게 쓰일 뿐더러, 이러한 이름이 붙은 아파트를 명품으로 여기거나 좋은 보금자리라고 생각하는 분이 많습니다. 제가 살던 인천에서는 배다리 골목동네를 지키자고 하는 문화예술 활동가들이 "에코뮤지엄"이라는 말을 쓰더군요. 알고 보니 "에코뮤지엄"은 벌써 여러 곳에서 으레 쓰는 말이더군요.

"에코하우스"나 "에코디자인"이라는 말도 그렇습니다만, 온누리를 한결 나은 쪽으로 바꾸려고 힘쓴다는 분들 머리에도 온통 영어만 가득 찬 꼴입니다. 환경운동을 하는 분들조차 "에코샵"이라는 말을 버젓이 씁니다. 부끄러운 노릇 아닐까요? "푸른가게"라는 말이 입에 달라붙지 못하는지 궁금하고, "맑은가게"나 "깨끗한가게" 같은 이름을 쓰자는 마음을 품기는 그렇게나 힘이 드는지 궁금합니다.

이리하여 서울시는 "에코마일리지"라는 제도를 펼친다고 외칩니다. 아이들을 조금 더 아끼고 사랑한다는 어머니들은 "에코맘"이라는 이름을 즐겁게 붙입니다. 책을 사랑하는 어머니라면 "북맘"이라 하지 않을까 두렵습니다. 아니, 벌써부터 이와 같이 쓰실는지 모르는 노릇입니다. 요리를 사랑하는 어머니들은 "쿡맘"이라 할는지 모르고, 영화를 사랑하는 어머니들은 "씨네맘"이라 할는지 모릅니다. 골프를 치는 이들 사이에 "에코골프"가 있다고 하는데, 한국땅에서 이루어지는 골프 가운데 "자연과 환경을 사랑하거나 생각하는 골프"가 있는지 알쏭달쏭합니다.

보기글을 다시 한 번 돌아봅니다. 이 글을 우리 말로 옮긴 분은 처음에는 한글로만 "에코 상품"이라 적고, 두 번째로는 "에코eco 지수"라 적습니다. 두 번째로 적을 때에 굳이 영어를 밝혀 적어야 할 까닭이 있었나 모르겠습니다. 옮긴이도 펴낸이도 이 대목을 알아채지 않습니다. 어쩌면 알아채면서 그냥 넘어갔을지도 모릅니다.

에코 상품을 선택하는 소비자가 늘어날수록

→ 환경사랑 상품을 고르는 사람이 늘어날수록

→ 환경을 생각하는 상품을 사는 사람이 늘어날수록

→ 환경에 도움되는 상품을 즐기는 사람이 늘어날수록

→ …

생태적 생활 정도인 에코eco 지수

→ 환경사랑 삶을 재는 환경 점수

→ 환경을 얼마나 아끼는가를 살피는 환경 지수

→ 환경에 도움되게 살자고 하는 푸른 점수

→ …

그나저나, "환경"이니 "자연"이니 "친환경"이니 "그린"이니 "에코"이니 하는 말마디를 앞세우는 모든 물질문명과 제도와 물건과 아파트 들은 이 삶터를 어느 만큼 아끼거나 사랑할까요. 얼마나 이 땅을 걱정하며 어떻게 이 터전을 살리거나 북돋우는가요. 환경을 생각한다는 휘발유는 어떠한 휘발유요, 이 휘발유를 만들어 파는 회사는 이 나라를 어떠한 매무새로 돌보거나 살피는지요.

말잔치로만 늘어놓는 환경사랑이 아닌가 궁금합니다. 말놀이로만 떠드는 자연주의가 아닌지 모르겠습니다. 입으로만 외치는 푸른삶이 아니겠느냐 싶습니다.

푸른 넋이 되고 푸른 말을 나누며 푸르디푸른 삶을 가꾸어야 비로소 겉으로 내세우는 푸른 무엇무엇이 아니라 할지라도 나를 아끼고 이웃을 아낄 수 있지 않느냐 생각합니다. 얼이 푸르고 글이 푸르며 삶터가 푸를 때에 비로소 일과 놀이도 푸른 물결이 넘실거리지 않을까 생각합니다. 껍데기를 들씌우는 말을 내놓기만 할 뿐, 알맹이를 채우는 삶하고는 동떨어진 우리가 아닌가 하고 생각합니다.

오버타임overtime 068

12년차고, 그것도 초과수당 없이 12시간 이상씩 일해야 되거든요. 하루에 3~4시간씩 오버타임을 무보수로 일하면서 받는 건데…

「우리의 소박한 꿈을 응원해 줘」 109쪽, 권성현·김순천·진재연 엮음, 후마니타스 2008

"12년차十二年次고"는 "열두 해 일했고"나 "열두 해째 일했고"로 다듬습니다. "12시간 이상以上씩"은 "열두 시간 넘게"로 손보며, "무보수無報酬로"는 "돈 안 받고"나 "일삯 없이"로 손봅니다.

오버타임

→ 시간외 노동

→ 퇴근시간 넘기기

→ 더 해야 하는 일

→ …

국어사전에도 실리는 "오버타임"입니다. 그러나 국어사전에 실린 "오버타임"은 운동경기에서 쓰는 낱말일 뿐입니다. 영어사전을 뒤적입니다. 그런데 영어사전에 실린 "오버타임overtime"에는 우리가 익히 쓰는 "운동경기 말뜻"은 한 가지도 실리지 않습니다.

어쩐 일일까요? 어떻게 이리 되었을까요? 영어를 쓰는 나라에서는 "오버타임"이라는 낱말을 운동경기에서 안 쓰는데 우리 나라만 쓰는 셈일까요? 우리 나라 나름대로 빚어낸 낱말일는지, 일본을 거쳐서 들어온 낱말일는지 궁금합니다.

하루에 3~4시간씩 오버타임을 무보수로 일하면서

→ 하루에 서너 시간씩 연장근무수당 없이 일하면서

→ 하루에 서너 시간씩 돈도 안 받고 더 일하면서

→ 하루에 서너 시간씩 그냥 일해 주면서

→ …

그나저나, 우리는 으레 "시간외 근무"나 "초과근무"라고 말합니다. "오버타임"을 한다고는 말하지 않았습니다. 다만, 저로서는 모르는 노릇입니다. 저는 공장에서 일해 보지 않았고, 요즈음 공장이나 백화점이나 큰 가게에서 일해 보지 않았기에 모르는 노릇입니다. 편의점이나 외식업체에서도 마찬가지입니다. 이 모든 곳에서는 "시간외 근무"나 "초과근무"라 말하지 않고 "오버타임"이라고만 말할는지 모릅니다.

옆지기 동생이 어느 큰 밥집에서 일한 적이 있습니다. 그곳에서 일하며 외워야 하는 온갖 말이 적힌 "직원 안내서"를 들여다본 적 있습니다. 죄다 영어로 지은 말인데 굳이 이렇게까지 해야 했을까 싶으면서, 이렇게 사람을 "다르게 가르치고 길들여야" 시키는 대로 빠릿빠릿 따르겠다는 생각이 들었습니다. 일하는 사람을 있는 그대로 받아들이면서 한결 즐겁게 일한다기보다, 그예 톱니바퀴 같은 부속품으로만 여긴다고 할까요.

어쩌면 "오버타임"과 같은 낱말을 쓰는 일터에서도, 일꾼을 하나하나 사랑과 믿음으로 껴안는다기보다, 쓰고 버리는 부속품으로만 여기는지 모릅니다. 오래오래 즐겁게 일하자는 곳이라기보다, 더 많은 돈을 벌어들이기만 하면 되는 곳인지 모릅니다. 사람이지만 사람이 아니게 되고, 사람과 사람이 만나는 일이라지만 아무런 만남도 이루어지지 않습니다.

오픈 파티open party 069

조출한 오픈 파티를 한 건 하루 종일 비가 내리던 6월 29일 저녁이었다.

「이상한 나라의 헌책방」 37쪽, 윤성근, 이매진 2009

"한 건"은 "한 때는"이나 "한 날은"으로 다듬고, "하루 종일終日"은 "하루 내내"로 다듬어 줍니다. "하루 종일" 같은 말투는 굳이 다듬지 않아도 된다고 할 만큼 사람들 입과 손에 익은 말투입니다만, 조금 더 마음을 기울이며 우리 말글을 헤아릴 수 있다면 얼마든지 "하루 내내"라든지 "온 하루"라든지 "아침부터 저녁까지" 같은 말투로 가다듬을 수 있어요.

조출한 오픈 파티를 한 건

→ 조촐히 여는 잔치를 한 때는

→ 조촐히 개업식을 한 때는

→ 조촐히 잔치를 연 때는

→ …

지난 2010년 5월에 사진잔치를 열던 일을 떠올려 봅니다. 남들은 하나같이 "전시회展示會"라 이야기하지만, 저는 "사진잔치"라는 이름을 지난 2000년부터 썼습니다. 사진으로 마련하는 잔치요, 사진을 나누는 잔치이며, 사진으로 이야기하고 즐기는 잔치이기 때문에 "사진잔치"라 이야기합니다.

제 사진잔치에 찾아오는 분들 가운데 "오프닝"을 언제 하느냐고 묻는 분이 제법 많았습니다. 제가 하는 일이 뻔히 우리 말글 돌보기인 줄을 알 텐데 당신들 입에 찰싹 달라붙은 "오프닝"이라는 말마디가 톡 하고 튀어나옵니다. 하기는. 병을 딸 때에 "병따개"를 찾지 않고 "오프너"만을 찾는 오늘날 지식인들인데, 사진잔치를 여는 자리를 일컫는 말이라 한다면 "여는 자리" 아닌 "오프닝"이라는 말마디가 튀어나올밖에 없습니다.

이 보기글을 살펴봅니다. 보기글을 쓴 분은 가게를 하나 새로 열면서 "오픈 파티"를 벌인다고 말합니다. 이분은 전시회나 공연을 기리는 잔치가 아닌, 가게를 처음 여는 자리를 기리는 잔치를 베풉니다. 그러니까 이러한 자리에 사람들이 익히 쓰는 말마디는 "개업식"이나 "개소식"입니다. "개업"이든 "개소"이든 따지고 보면 모두 "여는" 일이기에 "여는 자리"나 "여는 잔치"이지만, 말 그대로 "여는"이라는 우리 말을 제대로 살려서 쓰는 지식인을 이 나라 이 땅에서는 찾아볼 길이 없습니다.

매장에서 열린 오픈 파티에 동반 참석했다

→ 매장에서 열린 개업식에 함께 왔다

→ 매장에서 열린 축하 잔치에 나란히 왔다

→ 매장에서 열린 첫 잔치에 둘이 함께 왔다

→ …

다른 사람들은 "오픈 파티"라는 말마디를 얼마나 쓰는지 궁금합니다. 인터넷 찾기창에 네 글자를 넣고 죽 둘러봅니다. "매장에서 열린 오픈 파티에 동반 참석했다" 같은 글월이 보이는데, 이 글월은 "열린"과 "오픈"이라는 말이 겹치고, "동반"과 "참석"이라는 말이 겹칩니다. 어찌 보면 "오픈 파티를 개최했다"고 하지 않으니 반갑다 할 터이나, "여는 잔치를 열었다"고 적바림하면 어딘가 어설픕니다.

"참석參席"이란, 자리에 함께한다는 뜻입니다. "동반同伴"은 짝을 지어 함께한다는 뜻입니다. 그러니까 "함께"라는 말이 겹으로 쓰였는데, 이런 말을 하는 분들은 이렇게 엉터리 말을 한 줄을 느끼지 못합니다. 이런 말을 듣는 분 또한 이 말이 어떻게 뒤엉키는가를 깨닫지 않습니다.

"파티산업교육원은 웨딩플래너, 파티플래너 등이" 하고 읊는 글월을 보고, "나이키 스포츠웨어 2010 축구 에너지 스페이스 오프닝 파티가 열렸다" 하고 읊는 글월을 보니 어질어질합니다. 사람들은 집에서나 학교에서나 일터에서나 "생일잔치"를 하지 않고 "생일파티"를 합니다. 이러다 보니 아주 마땅하다는 듯이 "파티산업"을 말하겠구나 싶지만, "웨딩플래너"라든지 "파티플래너"라든지 하는 이름은 무엇인지 궁금합니다.

도시에서 새로 나타나는 일자리란 꼭 이렇게 온갖 영어를 짜깁기해야 하는지 궁금합니다. 운동을 하는 사람이 입는 옷이라면 "운동옷"이요, 끝말을 한자로 넣어 "운동복服"이라고도 합니다. 그런데 이런 운동옷이나 운동복을 2010년대 자본주의 사회에서 내다 팔거나 알리는 자리에서는 "스포츠웨어"라 내세워야 잘 팔리거나 번듯해 보이는 듯합니다. "축구 에너지 스페이스"라고 해 보았자 우리 말로 옮기면 딱히 깊은 뜻을 담은 말이 아닌데, 무슨 행사라든지 공연이라든지 하면서 붙이는 이름들은 하나같이 영어판입니다. 이런 마당이니 "개업식"이든 "축하 잔치"든 쓰지 않고 "오픈 파티"라 할밖에 없겠다 싶습니다.

첫잔치 / 여는잔치 / 새터잔치 / 새잔치 / 축하잔치

첫마당 / 여는마당 / 새터마당 / 새마당 / 축하마당

…

낱말 하나만 번드레하게 꾸미거나 겉발라 놓기 때문에 나타나는 "오픈 파티"는 아니라고 느낍니다. 넋과 삶이 온통 영어를 쓰는 미국에 가 닿기 때문에 저절로 우러나오는 "오픈 파티"이구나 싶습니다. 삶과 문화와 넋과 얼과 배움과 지식이 모두 영어 쓰는 미국하고 맞닿았으니 누구나 으레 영어로 제 뜻을 밝히고 이름을 붙입니다. 미국바라기를 하고 영어바라기를 하는 사람들로서는 "오픈 파티" 같은 말마디를 럭셔리한 말마

디가 아닌 수수한 말마디로 여기리라 봅니다. 동사무소를 동주민센터로 고치는 공무원한테는 버럭 성을 낼 줄은 알지만, 정작 스스로는 "오픈 파티"를 즐기면서 겉멋을 부리는 삶에 매이는구나 싶습니다.

깨끗하며 고운 말을 쓰면 더없이 좋지만, 깨끗하며 고운 말만 써야 하는 우리 말 다듬기가 아닙니다. 참된 말을 살피고 착한 말을 보듬으며 바른 말을 사랑해야 하는데, 이렇게 하자면 참된 삶을 살피고 착한 삶을 보듬으며 바른 삶을 사랑해야 합니다. 사람들은 스스로 참되고 착하며 바른 삶을 사랑하지 못하기 때문에 자꾸자꾸 참되지 않고 착하지 않으며 바르지 않은 뒤틀린 말마디에 젖어들거나 물들거나 길들면서 나동그라집니다.

워크숍workshop 070

우선은 각국에서 진행되는 바다쓰레기에 관한 회의나 워크숍, 행사 등에 서로 초청하여 각자 하고 있는 활동에 대해 소개하는 일부터 시작했다.

「바다로 간 플라스틱」 142쪽, 홍선욱, 심원준, 지성사 2008

"우선于先"은 "먼저"로 다듬고, "각국各國에서 진행進行되는"은 "나라마다 이루어지는"이나 "나라마다 하는"으로 다듬습니다. "바다쓰레기에 관關한 회의會議"는 "바다쓰레기를 다루는 모임"으로 손보고, "등等"은 "들"로 손보며, "초청招請하여"는 "불러"나 "모시어"로 손봅니다. "각자各者 하고 있는 활동活動에 대對해"는 "저마다 하는 일을"로 손질하고, "소개紹介하는 일부터 시작始作했다"는 "이야기하는 일부터 했다"나 "들려주는 일부터 했다"로 손질해 줍니다.

바다쓰레기에 관한 회의나 워크숍

→ 바다쓰레기를 다루는 이야기마당이나 공부모임

→ 바다쓰레기를 다루는 모임이나 이야기자리

→ 바다쓰레기 문제를 풀자는 여러 모임

→ …

예전에 사진학과 교수였던 분하고 이야기를 나누는데, 한참 이야기를 하시다가 갑자기 "전문적인 용어로 말하면"이라고 한 마디 덧다시더니 "영어 낱말을 잔뜩 쏟아내면서" 이야기를 풀어냅니다.

전문용어도 아닌 전문적 용어란 "영어"를 가리켰을까요. 영어로 이야기하면 전문가가 되는가요.

영어로 된 전문용어로 이야기를 하지 않아도 될 텐데, 당신 생각을 꺼내놓자면 아무래도 영어로밖에는 이야기를 할 수 없지 않았나 싶었습니다. 당신이 사진을 배울 때 나라밖에서 배웠을는지 모르고, 그무렵 당신한테 사진을 가르친 분들은 당신이 이 자리에서 보여주듯 영어로만 가르쳤을는지 모릅니다. 그러니까, "전문가 모임"이라고 할 만한 대학 강단에서는 "전문으로 쓰는 말=영어"이고, 대학 강단이 아닌 여느 삶자락에서 쓰는 말로는 "사진 이야기를 할 수 없다"는 셈이라고 느낍니다.

워크숍 / 포럼

회의 / 연수 / 집회

모임 / 공부모임 / 이야기자리 / 이야기마당

요즈음이야 모두들 "워크숍"이니 "포럼"이니 이야기합니다. 예전에는 한자말로 "회의"니 "연수"니 "집회"니 이야기했습니다. 예나 이제나, 어쩌면 앞으로나, 사람들이 서로 모여 이야기를 나누는 자리를 가리킬 때에 말 그대로 "모임"이라 하거나 "이야기자리"라 하는 일은 없지 않겠느냐 싶습니다.

공부하는 모임임에도 으레 "학술회의"라고 이름을 붙입니다. "학술學術"이 무엇입니까. 학문과 기술인데, 학문은 무엇이고 기술은 무엇입니까. 학술을 하는 회의란 무엇을 하는 자리입니까. 한글학회마저도 "학술회의"를 말할 뿐입니다. 국립국어원도 다르지 않습니다.

"국어國語"라는 낱말은 한자를 풀면 그냥 "나라말"입니다. 이리하여 이런 말을 쓰는 일이 아무 말썽이 아니라고 여깁니다만, 우리한테 "국어"라는 한자말은, 일제강점기부터 널리 쓰였고, 이때에 쓴 "국어"는 "한국말"이 아닌 "일본말"이었습니다. "천황이 다스리는 나라에서 쓰는 말"이라는 뜻에서 일본사람들이 우리한테 "國語"를 가르쳤습니다. 그래서 "국어학자"란 "일본어학자"인 셈인데, 이 잘못된 말씀씀이 뿌리를 곰곰이 헤아리면서 바로잡거나 고치려고 하는 움직임이란 이제 싹 가셨습니다. 모두 자취를 감추었습니다. 그나마 "한글학자"나 "한국말학자(한국어학자)"나 "우리말학자"라고 이름을 새로 붙이면 낫습니다만, 학자 된 분들은 이와 같은 이름을 썩 내켜하지 않습니다. 어느 누구도 이런 이름을 안 쓰거든요.

태스크포스task force

프로젝트 팀project team

스스로 "전문가"라고 내세우는 분들은 "프로젝트"를 맡거나 땁니다. "태스크"를 맡거나 꾸립니다. 전문가 아닌 여느 회사원들도 "모임"이 아닌 "부서"에 모여서 일을 하는데, 이제는 "부서"라고도 안 하고 "팀"이라고만 합니다. 영업부서가 아닌 영업팀이고, 부원이 아닌 팀원입니다.

모르는 일입니다만, 앞으로 또다른 "영어로 지은 모임 이름"이 새로 태어나지 않으랴 싶습니다. 한 열 해쯤 쓰면 좀 시들시들해진다고 느껴 새로 이름을 붙이고, 이 이름을 또 열 해쯤 쓰다가 지겹다고 느낄 무렵 다시 새 이름을 붙이고, 또 열 해쯤 뒤에는 다른 이름을….

열 해면 강과 산이 바뀐다고 했습니다만, 오늘날에는 열 해마다 새 이름을 붙입니다. 스무 해마다 재건축과 재개발을 하고, 해마다 옷차림을 바꿉니다. 고이 간직하거나 지킬 멋이란 찾아볼 길이 없고, 오래도록 손질하면서 뒷사람한테 물려줄 빛과 슬기와 얼이란 찾아낼 수 없습니다.

깨끗하건 아름답건 싱그럽건 훌륭하건, 이런 이름이 있건 없건 어찌 되었든, 오늘날 사람들은 뒷사람한테 "우리 말"이라 할 만한 말을 물려주기 어렵습니다. "우리 글"이라 할 만한 글을 이어주기 어렵습니다. 말과 글에 앞서 우리 삶이 없고, 우리 땅이 없으며, 우리 문화와 사회와 경제와 정치와 교육과 예술과 과학과 철학이 없습니다. 우리한테는 어느 하나 제대로 갖추어서 지키는 자리가 없어, 언제나 나라밖으로 배우러 떠나야 하고, 나라밖으로 떠나서 배우기만 하니 자꾸자꾸 나라안에서 스스로 힘을 키우지 못하는 한편, 우리 땅에 깃든 즐거움을 느끼지 못하면서 내동댕이치거나 무너뜨립니다.

말을 말답게 느끼며 가꾸는 힘이란, 곧 삶을 삶답게 느끼며 가꾸는 힘인 줄을 모릅니다. 글을 글답게 느끼며 돌보는 힘이란, 바로 내 삶을 올바르게 느끼며 돌보는 힘인 줄을 모릅니다.

제로베이스zerobase 071

"전문가"라는 집단의 고정된 틀에서 벗어나 제로베이스에서 "지역이 가진 것"과 "지역이 할 수 있는 것"을 진지하게 고민할 때 창의적인 답이 나온다는 것이다.

「착한 도시가 지구를 살린다」 68쪽, 정혜진, 녹색평론사 2007

"전문가라는 집단集團의 고정固定된 틀"은 "전문가라는 사람들한테 매인 틀"로 다듬어 봅니다. "진지眞摯하게 고민苦悶할 때"는 "찬찬히 헤아릴 때"나 "가만히 생각할 때"로 손보고, "창의적創意的인 답答"은 "슬기로운 길"이나 "새로운 길"이나 "좋은 풀이법"으로 손보며, "나온다는 것이다"는 "나온다고 한다"나 "나온다"로 손봅니다.

제로베이스

→ 영점 / 원점 / 백지 / 출발점

→ 밑바닥 / 맨바닥

→ 아무것도 없는 곳

→ 맨 처음 / 처음 / 첫 자리

→ …

영어사전에서 "제로베이스zerobase"를 찾아보니, "(예산 등을) 백지 상태로 되돌려 결정하다, (문제 등을) 출발점으로 되돌아가 결정(검토)하다"라고 나옵니다.

보기글을 쓴 분이 신문기자였기 때문일까요. 다른 자리에서는 거의 듣지 못했던 "제로베이스"라는 영어 낱말을 봅니다. 그러나 조금 더 생각해 보니, 저 같은 사람이야 이런 영어 낱말을 쓸 일도 들을 일도 없지만, 보기글을 쓴 신문기자 같은 분들은 으레 이런 영어 낱말을 쓸 뿐 아니라, 가지를 치고 잎을 틔우며 꽃을 피우듯 온갖 영어 낱말을 곁들이고 섞으며 두루 쓰리라 봅니다.

어디에도 매이지 않고 생각할 때

무엇에도 얽매이지 않고 헤아릴 때

신문기자도 그렇지만, 대학교에서 아이들을 가르치는 교수님하고 초·중·고등학교에서 아이들을 가르치는 교사님들도 늘 마찬가지라고 느낍니다. 더구나 오늘날 초등학교에는 "잉글리쉬 존"이라는 자리까지 만들어서 아이들한테 "영어 안 쓰려면 학교도 오지 마라" 할 만큼 영어 닦달을 합니다. 가뜩이나 입시로 눌린 중·고등학교 아이들일 텐데, 이 아이들은 초등학생 때보다 영어 닦달이 더하면 더했지 덜하지 않습니다. 대학교에 들어간 아이들도 다르지 않아요. 대학교를 마치고 회사에 들어간 사무직 노동자라고 다를까요. 모두들 겉멋이든 겉치레이든, 영어 쓰기로 내몰립니다. 영어 많이 쓰고 영어 자주 쓰며 영어 두루두루 쓰도록 시달립니다.

영어든 토박이말이든 어떤 말이든, 말은 즐기면서 써야 하는데. 즐겁게 쓰고 즐겁게 나누며 즐겁게 함께하는 말이어야 하는데. 억지 지식이 아니라 삶이 배인 지식이어야 하는데. 우격다짐 지식놀이가 아니라 살가우며 부드러운 지식나눔이어야 하는데.

카운슬러counselor 072

리누스는 수업에 들어가지 않고 아침부터 오후까지 자신의 사무실에서 학생들과 대화만 나누는, 말하자면 카운슬러다.

「열다섯 살 하영이의 스웨덴 학교 이야기」 160쪽, 이하영, 양철북 2008

"오후午後"는 "낮"으로 다듬고, "자신의 사무실事務室"은 "당신 사무실"이나 "당신 방"이나 "혼자 일하는 방"으로 다듬어 봅니다. "대화對話"는 "이야기"로 손질합니다.

말하자면 카운슬러다

→ 말하자면 상담원이다

→ 말하자면 얘기동무이다

→ 말하자면 이야기 스승이다

→ 말하자면 이야기를 들어주는 사람이다

→ …

"상담원"을 가리키는 미국말 "카운슬러counselor"입니다. 둘은 같은 말입니다. 그러나 우리는 한자말 "상담원"만으로는 모자라다고 느끼는지 이런 미국말까지 받아들여 국어사전에 실을 뿐 아니라, 제법 널리 쓰기까지 합니다.

"상담相談"이란 문제를 푸는 일이라 하는데, 문제를 풀 때에는 "서로 얘기하면서" 풉니다. 보기글에서는 "대화만 나누는 카운슬러"라고 나옵니다. "대화對話"란 "마주보며 이야기하는" 일입니다. 그러니, 상담이든 대화이든 "이야기"를 주고받는 일이며, 상담원이든 카운슬러이든 "이야기로 문제를 푸는" 사람입니다.

그러면, "이야기(얘기)"라는 낱말을 살려, 이와 같은 일꾼을 가리킬 새말을 알맞게 빚을 수 있지 않을까 생각해 봅니다. 앞에서 길을 이끄는 사람을 일러 "길잡이"라 하듯, 여러 일을 많이 겪었기에 이야기로 길을 이끌어 주는 사람이라는 뜻에서 "이야기잡이(얘기잡이)"라는 새말 하나 빚을 수 있습니다. 또는 "길동무"와 같은 느낌으로 "이야기동무(얘기동무)"라고 이름을 붙이며 서로 같은 자리에서 머리를 맞대는 사람이라고 보여줄 수 있습니다. 학교에서는 "이야기스승(얘기스승)"이라 해 보아도 잘 어울립니다. "이야기어른(얘기어른)"이라 해 보아도 될 테지요.

생각을 하면 길이 열리고, 작은 길이라도 고이 붙잡으면서 찾아보려 하면 살갑게 나눌 말이 보입니다. 생각을 하지 않으면 길은 안 열리고, 작은 길이건 큰 길이건 스스로 못 느끼고 맙니다. 가꾸어도 내가 가꾸는 말이요, 내동댕이쳐도 내가 내동댕이치는 말입니다.

캐스팅casting 073

비요른을 본 비스콘티 감독은 원작의 타지오에 비해 비요른이 나이도 많고 키도 훨씬 컸기 때문에 캐스팅을 해야 할지 고민을 많이 했다.

「열다섯 살 하영이의 스웨덴 학교 이야기」 211쪽, 이하영, 양철북 2008

"원작原作의 타지오에 비比해"는 "원작에 나오는 타지오보다"나 "처음 작품에 그려진 타지오와 견줘"로 손봅니다. "고민苦悶"은 그대로 둘 수 있으나 "걱정"이나 "근심"이나 "생각"으로 다듬으면 한결 낫습니다.

캐스팅을 해야 할지

→ 뽑아야 할지

→ 써야 할지

→ 맡겨야 할지

→ …

영화를 찍는 분들은 서양사람 흉내를 고스란히 내면서 "컷" 또는 "캇"이라고 말합니다. 마치 "컷cut"을 써야만 영화를 만들 수 있다고 생각하는 듯합니다. "그만"이나 "거기까지"나

"됐어"라 말하면서는 영화를 만들지 못한다고 생각하지 않으랴 싶습니다. 영화 만드는 선배한테 이런 이야기를 했더니, 틀림없이 이런 생각이 옳지만 감독뿐 아니라 모든 일꾼들은 "알면서도 그런 말을 써야만 한다"고 여긴다고 말합니다. 책마을 사람들이 일본말을 아무렇지 않게 쓰면서 책 만드는 매무새하고 똑같습니다. 사람들은 흔히 막일판에서만 일본말이 쓰인다고 생각하지만, 알고 보면 우리 사회 구석구석에서 일본말이 쓰입니다. 그런데 이렇게 온갖 곳에 일본말(아예 일본말, 일본사람이 빚은 한자말, 일제강점기부터 쓰이는 일본말)을 쓰는 우리는 틈만 나면 일본이 무얼 어찌 잘못했고 역사가 어떠하고 하는 이야기를 읊습니다. 정작 이 나라 삶터 구석구석에 배어든 일제강점기 찌꺼기는 하나도 털어내지 않는데 말이지요.

배역을 맡기니 "배역을 맡기다"입니다. 배역을 주면 "배역을 주다"입니다. 영화를 찍는 쪽에서는 "뽑"거나 "쓰"고, 영화에 나오는 쪽에서는 "뽑히"거나 "쓰입"니다.

곰곰이 살피면, 한국사람은 한입으로 "일본 반대"를 외치고, 몸뚱이로는 "일본말이 뭐 어때서?" 하고 움직인다고 느낍니다. 역사와 말은 틀림없이 다릅니다만, 잘못 쓰는 일본말이 뒤틀린 역사 때문에 쓰인 줄을 헤아린다면 그리 할 수 없을 텐데요.

일제강점기를 끔찍하게 겪었다고 하면서도 일본말을 쓰는 매무새이니, 갖은 서양말 또한 거리낌없이 아무 곳에나 손쉽게 써대지 않느냐 싶습니다.

국어사전 보기글 고치기

캐스팅 casting

연국이나 영화에서 배역을 정하는 일.
- 주인공 역에 누가 캐스팅되었지?
- 외국인을 주연으로 캐스팅한 영화
- 김 감독의 새 영화에 주인공으로 캐스팅되었다
- 신인 배우를 캐스팅하였다

주인공 역에 누가 캐스팅되었지? → 주인공 자리에 누가 뽑혔지?
외국인을 주연으로 캐스팅한 영화 → 외국사람을 주연으로 쓴 영화
주인공으로 캐스팅되었다 → 주인공으로 뽑혔다
신인 배우를 캐스팅하였다 → 새 배우를 썼다 / 새내기 배우를 뽑았다

커밍아웃coming out 074

세상을 떠나기 약 3년 전 형률 씨는 원폭 2세 환우로서 "커밍아웃" 했다…. 원폭 2세로서 유전병에 시달리고 있다는 이와 같은 공개적인 자기선언이 과연 올바른 선택이었는지…

「삶은 계속되어야 한다」 22·64쪽, 전진성, 휴머니스트 2008

오직 대한민국 1퍼센트의 상층을 위한 정부임을 당당히 커밍아웃해야 한다.

「당당한 아름다움」 270쪽, 심상정, 레디앙 2008

"약約 3년三年 전前"은 "거의 세 해쯤 앞서"나 "얼추 세 해 앞서"로 손질합니다. "과연果然"은 "참으로"나 "참말로"로 손보고, "올바른 선택選擇이었는지"는 "올바른 일이었는지"나 "올바로 한 일이었는지"로 손봅니다. "공개적公開的인 자기선언自己宣言이"는 "사람들 앞에 나를 드러낸 일이"나 "사람들 앞에 내 모습을 밝힌 일이"로 다듬어 봅니다.

"대한민국 1퍼센트의 상층上層을 위爲한 정부"는 "대한민국 1퍼센트 꼭대기에 있는 사람만 생각하는 정부"나 "대한민국 1퍼센트 잘사는 사람만 껴안는 정부"로 다듬고, "당당堂堂히"는 "떳떳이"로 다듬어 줍니다.

원폭 2세 환우로서 커밍아웃했다

→ 원폭 2세 환우로서 자기를 드러냈다

→ 원폭 2세 환우라고 자기를 밝혔다

→ 원폭 2세 환우임을 떳떳이 밝혔다

→ 원폭 2세 환우임을 모두 앞에서 말했다

→ …

국어사전에 나오지 않는 "커밍아웃coming out"을 영어사전에서 찾아보면 "사교계 데뷔"를 가리키는 말이라고 나옵니다. 덧달린 뜻으로 "동성애자임을 밝히는 일"이라고 나옵니다.

보기글을 쓴 분은 작은따옴표까지 붙이면서 "커밍아웃"을 이야기합니다. 아무래도 이 낱말 "커밍아웃"을 남달리 쓰고 싶어서 이렇게 했을 테지요. 인터넷을 뒤적여 "커밍아웃"이 무엇을 가리키는지 더 꼼꼼히 살펴봅니다.

영어 'come out of closet'에서 유래한 용어로, 번역하면 "벽장 속에서 나오다"는 뜻이다. 동성애자同性愛者들이 더 이상 벽장 속에 숨어 있지 않고, 밝은 세상으로 나와 공개적으로 사회에 자신의 동성애적 취향성을 드러낸다는 것을 의미한다. 동성애자 스스로가 동성애자임을 인정하고 긍정적으로 받아들이거나, 동성애자 집단에서 자신의 성 취향을 드러내는 것도 넓은 의미에서는 커밍아웃의 범주에 넣기도 한다. 그러나 일반적으로는 가족이나 직장·학교 또는 일반 사회에서 자신이 동성애자임을 공개적으로 밝히는 것을 의미하는 경우가 많다.

여러모로 따져 볼 때, "커밍아웃"이라는 낱말을 쓰자면, 동성애자를 가리키는 자리 아니고는 어울리지 않습니다. 그러나, 이 보기글을 쓴 분은 굳이 "커밍아웃"을 썼습니다. 동성애자가 이녁 정체성을 밝히면서 사람들한테 손가락질을 받고 따돌림도 받는 우리 사회 흐름을 돌아보면서 이와 같은 낱말을 쓴 셈일까요. 원폭 2세 환우임을 밝히는 일도 큰 틀에서는 "커밍아웃"이라고 생각했기 때문일까요.

원폭 2세 환우로서 "커밍아웃" 했다 (x)

이와 같은 공개적인 자기선언이 (o)

그런데, 글쓴이는 곧바로 "공개적인 자기선언"이라는 말을 씁니다. 다만, "공개적인 자기선언"은 이 대목에 딱 한 번 나오고, 보기글이 실린 300쪽쯤 되는 책에서는 예닐곱 차례쯤 "커밍아웃"만 따옴표를 치면서 이야기합니다.

"자기선언"이라고 하는 말은 느낌이 살지 않는지 궁금합니다. "자기밝힘"처럼 적어 볼 생각은 아예 할 수 없었는지 궁금합니다. "떳떳이 나를 드러냄"이나 "당차게 내 모습을 내보임"처럼 적는다면 느낌을 살릴 수 없는지 궁금합니다. 사람들은 왜 내 참모습을 드러낸다고 하는 자리에서 "드러낸다"라든지 "밝힌다"라든지 하고는 이야기를 못하는지 궁금합니다.

당당히 커밍아웃해야

→ 떳떳이 말해야

→ 환하게 밝혀야

→ 소리높이 외쳐야

→ …

사랑스레 쓸 만한 낱말을 찬찬히 살피면서 알맞게 들여온다면, 처음부터 올바르게 쓰이지 않는 일이란 없습니다. 아름다이 나눌 만한 말투를 곰곰이 헤아리면서 알뜰히 주고받는다면, 처음부터 맑거나 밝게 쓰이지 않는 일이란 없습니다.

커팅cutting 075

다이아몬드 세공사는 원석을 가지고 연구하면서 커팅을 할 때마다 어디를 커팅해야 수정 같은 원석이 가장 아름답게 빛날 것인지 결정한다.

「뛰어난 사진을 위한 접사의 모든 것」 138쪽, 조나단 콕스/김문호 옮김, 청어람미디어 2008

"다이아몬드 세공사細工師"는 그대로 둘 수 있으나 "다이아몬드를 다듬는 사람"으로 손볼 수 있습니다. "연구研究하면서"는 "살펴보면서"로 손질하고, "빛날 것인지 결정決定한다"는 "빛날는지를 헤아린다"로 손질합니다.

커팅을 할 때마다
→ 자를 때마다
→ 깎을 때마다
→ 다듬을 때마다
→ …

영어를 쓰는 사람들은 "커팅cutting"을 이야기합니다. 한문을 쓰는 사람들은 "절단切斷"과 "절삭切削"을 이야기합니다. 한국말을 쓰는 사람들은 "깎다"와 "자르다"와 "베다"를 이야기합니다.

저는 한국말을 하는 한국사람입니다. 그래서 "자르다"와 "깎다"와 "베다"라는 낱말을 쓰면서 살아갑니다.

커피숍coffee shop 076

부르면 부를수록 뒷맛이 우러나는 이원수의 "봄시내"를 뒤로 하고 자리를 옮긴 곳은 읍내 한 커피숍…

「인권」 30쪽, 국가인권위원회 2005년 7월호

"이원수의 '봄시내' 를"은 "이원수가 지은 '봄시내' 를"이나 "이원수 님 동요 '봄시내' 를"로 손질합니다.

읍내 한 커피숍

→ 읍내 어느 찻집

→ 읍내에 있는 어느 찻집

→ 읍내에 있는 작은 찻집

→ 읍내에 있는 찻집

→ …

시골 읍과 면에는 아직 "다방" 간판이 걸린 가게가 많습니다. 어쩌다가 "커피숍"도 한두 군데 있을는지 모르나 거의 "다방"입니다. 제가 살던 인천도 옛 도심지에는 "다방"이 많지, "커피숍"은 찾아보기 어렵습니다.

생각해 보면, 사람 사는 어느 곳이든 "차를 마시는 집"은 있기 마련인데, 차를 마시는 집을 가리키는 이름은 삶자락 흐름에 맞추어 조금씩 바뀌지 싶습니다.

"다과점"이나 "제과점"이라 하다가 "베이커리"라 하듯, "다방"이나 "다실"이라 하다가 "커피숍"이라 합니다. 사이에 얼핏설핏 "빵집"이나 "찻집"이라고 가리키는 사람들이 있지만, 그리 많지 않습니다. 더구나, "빵집"이나 "찻집"을 말하는 사람은 으레 바깥으로 밀려납니다. 이 나라 한복판을 주름잡는 사람들은 "제과점-베이커리"나 "다방-커피숍"일 뿐, "빵집-찻집"은 아닙니다.

층집 / 층층집

아파트

처음 "아파트"라는 집이 이 나라에 들어오고 지어질 때, 이 집을 가리키는 이름은 "층집"이나 "층층집"으로 고쳐써야 한다는 이야기가 있었고, 국어순화자료집에 이런 낱말이 실리기도 했습니다. 가만히 생각해 보면, 예부터 살아온 집은 "층을 이루지 않은 집"이었습니다. 아파트라는 곳은 "층을 이루는 집"입니다. 그러니, 아파트라는 집이 생긴 모습 그대로, 또 아파트라는 집 얼거리 그대로 "층집"이나 "층층집" 같은 낱말을 새로 지은 셈인데, 이 사회에는 이 낱말이 두루 받아들여지지 않았습니다. 먼저, 정부 행정부서에서 받아들이지 않았고, 언론과 학교에서 받아들이지 않았으며, 다음으로는 아파트를 짓는 건설 업체에서 받아들이지 않았습니다.

공사장에서 막일을 하는 분들이 쓰는 말은 일제강점기부터 들어온 "제국주의 일본 식민지 말" 그대로입니다. 공사장뿐 아니라 책마을도 이러하고, 책마을뿐 아니라 군대도 이러합니다. 군대뿐 아니라 이 나라 공공기관과 학교와 회사와 온 동네 구석구석 일본말 찌꺼기를 말끔히 털어내거나 우리 말글을 옳고 바르게 살뜰히 쓰는 곳은 보이지 않습니다.

찻집 / 차가게 / 차쉼터 / 차마당 /…

삶터를 아우르는 낱말을 나 스스로 삶과 얼과 생각과 마음 고스란히 펼쳐 보이는 겨레말로 나타내거나 쓴다면, 차를 사고팔거나 마시는 곳은 "찻집"입니다. 예나 이제나 앞으로나 찻집입니다. 그렇지만, 삶터를 보듬는 낱말을 스스로 빚어내지 않거나 삶과 얼과 생각과 마음을 내 손과 발로 갈고닦지 않는다면, 차를 사고팔거나 마시는 곳은 앞으로도 "커피숍"이거나 "다방"입니다.

커피숍을 할 거야

→ 찻집을 할 테야

→ 커피집을 할 테야

→ 커피를 팔 테야

→ …

살갗으로 느끼지 못하는 아픔이나 무너짐이 널리 퍼지거나 뿌리를 내리면서, 날마다 쓰는 말과 글이 아프고 괴롭고 슬프며 어렵다 외치더라도 하나도 못 느끼거나 안 느끼고 맙니다.

콘셉트concept 077

평소에도 토론하기 전 멤버들끼리 다음 토론은 어떻게 할 것인지, 이번 토론은 어떤 콘셉트로 진행할 것인지 등에 대해 자유롭게 이야기를 나누곤 했다.

「노란잠수함, 책의 바다에 빠지다」 98쪽, 조원진·김양우, 삼인 2009

"평소平素에도"는 "어느 때에도"나 "다른 때에도"로 다듬고, "토론討論하기 전前"은 "얘기하기 앞서"나 "얘기를 하기 앞서"로 다듬습니다. "멤버member들끼리"는 "친구들끼리"나 "동무들끼리"나 "서로서로"로 손보고, "어떻게 할 것인지"는 "어떻게 할는지"나 "어떻게 할 생각일는지"로 손보며, "진행進行할 것인지 등等에 대對해"는 "이끌려는지 들을"이나 "이끌 생각인지 들을"로 손봅니다. "자유自由롭게"는 그대로 두어도 되나, "홀가분하게"나 "마음대로"나 "마음껏"으로 손질하면 한결 낫습니다.

어떤 콘셉트로 진행할 것인지

→ 어떤 줄거리로 이끌려 하는지

→ 어떤 생각으로 이끌려 하는지

→ 어떤 생각줄기로 이끌려 하는지

→ 어떤 짜임새로 이끌 생각인지

→ 어떤 틀로 이끌 생각인지

→ …

고등학교를 다니는 아이들 눈높이에서 터져나오는 말마디에 "우리 말이구나" 하고 느낄 만한 낱말이나 말투는 거의 안 보입니다. 토씨만 우리 말이요, 낱말이나 말투는 온통 바깥말이거나 짬뽕말 같다는 느낌입니다. 지난날 이 나라 지식인들이 쓰던 글에는 온통 한문으로 적은 글에 토씨만 한글이었는데, 오늘날은 지식인뿐 아니라 여느 중고등학생도, 또 대학생도 마찬가지로 토씨만 한글인 글을 쓰는구나 싶습니다.

어떻게 할 것인지 (o)

어떻게 할 생각인지 (o)

어떻게 하려는지 (o)

어떤 콘셉트로 진행할 것인지 (x)

보기글을 가만히 살피면 "토론"을 한다고 하면서 "이야기"를 나눈다고도 말합니다. 곰곰이 따지면 둘은 같은 소리입니다. "이야기 나눔"을 한자로 옮긴 낱말이 곧 "토론"이거든요. 게다가 "어떻게 할"처럼 말하는 한편, "어떻게 진행할"처럼 말하기도 합니다. 둘 또한 같은 소리입니다. 으레 "진행"이라고 넣어야 느낌이나 뜻이 한결 산다고 생각하지만, 예부터 "진행"이라는 낱말을 따로 안 넣고 "하다"라는 낱말 하나로 내 느낌과 뜻을 넉넉히 담았습니다.

더구나 "어떻게 할 것인지"라고 적은 글매무새를 살핀다면, "어떤 콘셉트로 진행할 것인지" 같은 대목을 "어떻게" 풀어내야 알맞은가를 어렵지 않게 알아챌 수 있습니다.

아이들 스스로 제 말을 제대로 못 깨달으니 이와 같이 글을 썼다 할 텐데, 아이들을 가르치는 어른도 이와 마찬가지요, 아이들 또한 스스로 옳고 알맞고 바르고 싱그럽게 말하거나 글쓰려는 매무새를 키우지 못합니다. 가르치지 못하고 배우지 못합니다. 나누어 주지 못하고 얻지 못합니다.

다람쥐 쳇바퀴조차 아닙니다. 고인 물마저 아닙니다. 그예 뒷걸음질입니다. 그저 낭떠러지 데굴데굴입니다. 하루하루 한결 짙푸르게 새잎을 틔우고 튼튼히 뿌리를 내리는 삶이거나 말이거나 슬기이거나 생각이 아닙니다. 날이 갈수록 흔들리고 무너지며 어수선해지기만 하는 말이거나 깜냥이거나 생각입니다. 내 삶을 내 손으로 알차게 가꾸려는 매무새를 잃으면서, 내 생각을 우리 말로 알맞춤하게 담아내는 매무새까지 끝없이 잃어버립니다.

영어는 영어입니다. 한자말은 한자말입니다. 한국말은 한국말입니다. 저마다 다른 말입니다. 그렇지만 저마다 다른 말인 줄을 헤아리는 한국사람은 썩 많지 않습니다. 깊이 생각하지 않고, 넓게 헤아리지 않으며, 고이 돌아보지 않습니다.

사람들이 나날이 더 많이 쓰는 영어 가운데 "컨셉"이 있습니다. 저를 취재한다며 찾아오는 기자들 또한 으레 "어떤 컨셉으로…, 이런 컨셉으로…, 이번 책은 어떤 컨셉으로 쓴…" 하고 이야기를 하시기에 귀가 따가웠습니다. 이러던 어느 날, 아이구 귀 따갑구나, 하고 생각하면서 영어사전을 뒤적입니다. "컨셉"이라는 낱말부터 찾아봅니다.

concept
a general idea or principle
- It is difficult to grasp the concept of infinite space.

어쩌면 국어사전에도 "컨셉"이 실리는지 모른다고 생각하면서 국어사전을 함께 찾아봅니다. "콘셉트concept : 어떤 작품이나 제품, 공연, 행사 따위에서 드러내려고 하는 주된 생각"이라 적고, 풀이글로 "이번 공연의 콘셉트는 자유이다"를 듭니다.

국어사전에 실은 "컨셉"은 "바르게 적는 꼴"이 아니라며 "콘셉트"로 고쳐쓰라고 풀이합니다. 그러나 이 나라 사람들은 "콘셉"이든 "컨셉"이든 "콘셉트"이든 "컨셉트"이든, 저마다 되는 대로 이야기합니다. 뒤죽박죽으로 뇌까리는데, 엉터리로 아무렇게나 읊는 모습을 살피노라면, 마구잡이로 지껄인다고 해야 옳지 않으랴 싶기까지 합니다.

홈페이지 콘셉을 뭘로 정하죠?

→ 홈페이지 주제를 뭘로 잡죠?

→ 홈페이지를 뭘로 꾸미죠?

처음 찍는 우리 가족 콘셉사진

→ 처음 찍는 우리 식구 주제 사진

환경애니메이션의 스토리텔링과 컨셉디자인

→ 환경만화영화 이야기틀과 알맹이 짜기

→ 환경만화영화 이야기틀과 줄거리 짜기

영화 속 여 주인공 컨셉으로 촬영

→ 영화에 나오는 여 주인공처럼 찍기

사람들은 무슨 이야기를 하고 싶기에 "콘셉-컨셉-콘셉트-컨셉트" 같은 영어를 끌어들여 온갖 곳에 이 낱말을 집어넣는지 궁금합니다. 저마다 나누고픈 생각은 무엇이며, 펼치고픈 마음은 무엇이고, 알리고픈 뜻은 무엇인지 궁금합니다. 콘셉이든 컨셉이든 콘셉트이든 컨셉트이든, 이 낱말들이 무엇을 뜻하거나 가리키는지를 어느 만큼 알면서 읊는지를 생각해 보기나 하는지 궁금합니다. 말하는 분이나 듣는 분이나, 서로서로 어떤 이야기를 주고받는지를 제대로 깨닫는지 궁금합니다.

고슴도치의 콘셉트를 이용하라

→ 고슴도치 얼개를 써라

→ 고슴도치한테서 배워라

콘셉트별 4色 청첩장

→ 꾸밈새에 따라 네 가지로 다른 청첩장

→ 네 가지로 달리 꾸민 청첩장

→ 네 가지로 만들어 본 청첩장

여성들을 위한 컨셉트 노트북

→ 여성들이 쓰기 좋은 색깔 있는 노트북

→ 여성들한테 맞춘 노트북

→ 여성들 입맛에 맞춘 노트북

섹시한 여름 컨셉트를 훌륭하게 소화

→ 섹시한 여름 주제를 훌륭하게 보여줌

→ 이성을 사로잡는 여름 이야기를 훌륭하게 담음

→ 여름철 예쁘게 꾸미기

옷을 입을 때에 따지는 컨셉이라면, "입성"이나 "차림새"나 "매무새"나 "꾸밈새"를 가리킨다고 느낍니다. 밥상을 차릴 때에 말하는 콘셉이라면, "찬거리"나 "먹을거리"쯤을 다루려 한다고 느낍니다. 집살림을 꾸밀 때에 이야기하는 콘셉트라면, "꾸밈새"를 가리킬 테지요.

때에 따라서는 "얼개–얼거리–틀거리–틀–짜임새"를 이야기한다 할 수 있고, 곳에 따라서는 "모습–모양–모양새"를 말한다 할 수 있습니다. 어느 흐름에서는 "생각–느낌–이야기틀–줄거리"를 가리킬 테고, 어느 자리에서는 "쪽–길–곳"을 가리킵니다.

어쩌면, 이런저런 모든 느낌을 아우르거나 모둔다고 하는 "콘셉–컨셉–콘셉트–컨셉트"라고 생각할는지 모르겠습니다. 또렷하게 이거다 하고 말하기 어려운 무엇인가를 가리키기에 걸맞다고 느끼는 영어이니, 굳이 풀어내어 쓸 까닭이 없다고 여길는지 모르겠습니다. 괜히 골아프게 이리 따지고 저리 따지지 말며, 남들 다 하는 대로 콘셉을 말하든 컨셉을 말하든 콘셉트를 말하든 컨셉트를 말하든 할 노릇인 우리네 삶이 아닌가 모르겠습니다.

컴플레인complain 078

게다가 서비스 직종이라 고객 컴플레인(불만)이 많아서 항상 긴장돼 있어요.

「우리의 소박한 꿈을 응원해 줘」 21쪽, 권성현·김순천·진재연 엮음, 후마니타스 2008

"서비스 직종職種" 같은 말은 그대로 두어야 할까요. 아니면, "서비스 일"이나 "사람을 마주하는 일"쯤으로 풀어내 볼 수 있을까요. "항상恒常"은 "늘"이나 "언제나"로 다듬고, "긴장緊張돼"는 "굳어"나 "바짝 조여"나 "마음을 바짝 세우고"로 다듬어 줍니다.

고객 컴플레인(불만)이 많아서

→ 손님들 불만이 많아서

→ 손님들 쓴소리가 많아서

→ 마음에 차지 않아하는 손님들이 많아서

→ 못마땅해 하는 손님들이 많아서

→ …

책을 읽다가 난데없이 "컴플레인"이라는 낱말이 튀어나와 깜짝 놀랍니다. "웬 영어를 이렇게 갑작스레 쓰나?" 하고 생각하며 국어사전을 뒤적입니다만, 국어사전에는 실리지 않습니다. 마땅한 노릇일 테지요. "컴플레인"은 우리 말이 아니니까요. 영어사전을 뒤적이고 나서 비로소 이 낱말을 떠올립니다. 저는 영어로 이야기를 할 일이 없을 뿐더러, 영어로 된 책을 읽을 일 또한 없기 때문에 잊었습니다만, 여러모로 알아보니 "컴플레인"이라는 낱말은 제법 널리 쓰입니다. 백화점이나 큰 할인매장에서는 으레 이 말을 쓰고, 병원이나 여느 회사나 여느 가게에서도 으레 씁니다. "손님으로서 가게 임자나 일꾼한테 따지는 말 한 마디"를 나타낼 때에 씁니다.

고객 컴플레인 (x)

고객 불만족 (x)

손님 쓴소리 (o)

손님이 겪은 어려움 (o)

큰 할인매장 이름을 살피면 "아울렛", "마트", "홈에버", "클럽" 같은 바깥말이 붙습니다. 아파트 이름에도 바깥말이 붙는데, 제법 크다 할 만한 시설에는 마땅히 바깥말을 붙여야 하는 듯 여깁니다. 그러고 보면, 회사나 기업에 붙이는 이름도 아예 영어로 바꾸는 나라 한국입니다. 고속철도를 놓고도 케이티엑스라 하고, 철도를 놓고도 코레일이라 합니다. 회사에서 일하는 사람들은 "부서"가 아닌 "팀"을 꾸립니다.

이런 흐름을 보고 저런 흐름을 살피면, "손님 쓴소리"나 "손님 한말씀"과 같이 말할 일은 없겠구나 싶습니다. 예전에는 "고객 불만사항"이라는 이름을 쓰지 않았나 싶은데, 어느새 "고객 컴플레인"으로 모두어진 듯합니다. 그나마 한자말 "고객"은 용케 살아남습니다. "불만"이나 "불만족" 같은 한자말은 "컴플레인"한테 밀려났는데, "고객"이라는 한자말은 꽤 힘을 냅니다.

그러나 앞으로는 모르는 노릇입니다. 요즈음은 "고객 컴플레인"이지만, 몇 해 지나면 아예 새로운 말로 달라질 수 있으니까요. 아주 새로운 영어를 쓰든, 프랑스말을 쓰든, 이탈리아말을 쓰든, 또는 일본말을 쓰든 중국말을 쓰든 하면서.

코너corner 079

서점에 들어가면 새로운 사실을 발견한다. "여행" "역사"라는 안내 표시와 더불어 "중독 증세와 회복" 코너가 따로 있다. 그것만으로 충분히 현실을 알 수 있지 않은가?

「아이를 단순하게 키워라」 69쪽, 프레드 고스만/노혜숙 옮김, 현암사 1997

"새로운 사실事實을 발견發見한다" 같은 글월은 으레 쓰기 때문에 굳이 손볼 곳이 있느냐고 여기는 분이 많습니다만, "새로운 일을 알 수 있다"나 "새로운 모습을 보곤 한다"로 손볼 수 있습니다. "안내 표시表示"는 "안내글"로 다듬고, "충분充分히"는 "넉넉히"나 "얼마든지"로 다듬으며, "현실現實"은 "참모습"이나 "우리 모습"으로 다듬어 줍니다.

… 코너가 있다
→ … 칸이 있다
→ … 자리가 있다
→ … 곳이 있다
→ …

아무래도 우리 말로 굳어졌다고 보아야 할 만한 미국말 "코너"입니다. 물건을 파는 자리뿐 아니라, 골목을 가리킬 때에도 쓰이고, 힘들거나 어려운 삶을 나타낼 때에도 쓰는 낱말입니다. 예부터 익히 쓰던 "구석"이나 "모퉁이"나 "자리"나 "벼랑" 같은 낱말은 어느새 뒤로 밀리고 밀렸습니다.

격투기에서는 흔히 "청 코너"와 "홍 코너"를 이야기합니다. 그런데 "청홍"이란, 선수들 입는 옷이나 장갑 빛깔을 가리키는 만큼, "파란 옷"과 "빨간 옷"이나 "파란 자리"와 "빨간 자리"로 풀어낼 수 있어요. 쓰는 사람 나름 아니겠습니까.

국어사전에서 "코너"를 찾아보니, "1 일정한 공간의 구석이나 길의 모퉁이. '구석', '모퉁이', '쪽'으로 순화. 2 백화점 따위의 큰 상가에서 특정한 상품을 진열하고 팔기 위한 곳. '가게', '방', '전', '-점', '집'으로 순화"라고 나옵니다. 낱말풀이를 보아도 1이나 2 모두 "코너"라는 미국말을 쓰는 일은 알맞지 않다고 적습니다. 그렇지만 "알맞지 않아서 고쳐써야" 하는 낱말인데도 버젓이 우리 삶터 구석구석 스며들어 쓰여요. 어느 자리이고 함부로 끼어들어 쓰이는 낱말이며, 어느 곳이고 활개를 치며 뿌리를 내립니다.

식당을 소개하는 코너인데

→ 밥집을 알리는 자리인데

→ 밥집을 보여주는 꼭지인데

→ 밥집을 찾아가는 이야기인데

→ 밥집을 다루는데

→ 밥집을 이야기하는데

→ 밥집을 보여주는데

→ …

알맞게 쓸 말은 알맞게 쓰면서 마음자리를 가다듬을 수 있으면 얼마나 좋으랴 생각합니다. 올바르게 쓸 말은 올바르게 쓰면서 마음바탕을 추스를 수 있으면 얼마나 반가우랴 생각합니다. 즐겁게 쓸 말은 즐겁게 쓰면서 마음밭을 일굴 수 있으면 얼마나 기쁘랴 생각합니다. 싱그럽게 쓸 말은 싱그럽게 쓰면서 마음그릇을 튼튼히 다스리면 얼마나 훌륭하랴 생각합니다.

누구나 좋은 사람이 될 수 있고, 저마다 반가운 생각을 뽐낼 수 있습니다. 서로서로 기쁜 사랑 나눌 수 있고, 다 함께 훌륭한 사람으로 거듭날 수 있습니다. 참말로 하기 나름 아닙니까.

국어사전 보기글 고치기

코너corner

1. 일정한 공간의 구석이나 길의 모퉁이.
   "구석", "모퉁이", "쪽"으로 순화.
   - 청 코너 / 홍 코너 / 네거리에서 코너를 돌다가 교통사고가 났다
2. 백화점 따위의 큰 상가에서 특정한 상품을 진열하고 팔기 위한 곳.

"가게", "방", "전", "-점", "집"으로 순화.

- 아동복 코너 / 상설 할인 코너

3. 어떤 일이나 상황이 헤쳐 나가기 어렵고 곤란하게 된 상태를 비유적으로 이르는 말.

- 코너에 몰리다 / 그의 회사는 지금 자금난으로 코너에 몰려 있다

청 코너 → 파란 쪽 / 파란 옷

코너를 돌다가 → 모퉁이를 돌다가

아동복 코너 → 어린이옷 자리

상설 할인 코너 → 늘 싸게 파는 가게

코너에 몰리다 → 구석에 몰리다

코너에 몰려 있다 → 벼랑에 몰려 있다

콜로키움colloquium 080

같은 해 10월 27일 서강대에서 열린 "이론사회학회·문화사회학회 합동 콜로키움"에서 이 책의 내용과 관련된 주제를 발표할 수 있었는데, 활발했던 그날 토론 분위기는 지금도 생생하다.

「아파트에 미치다」 11쪽, 전상인, 이숲 2009

"이 책의 내용內容과 관련關聯된 주제主題"는 "이 책 줄거리와 얽힌 이야기"로 다듬고, "발표發表할"은 "꺼낼"이나 "들려줄"이나 "밝힐"로 다듬어 줍니다. "활발活潑했던"은 그대로 두어도 되나, "봇물처럼 터지던"이나 "밝고 즐거웠던"으로 손볼 수 있습니다.

합동 콜로키움

→ 합동 토론회

→ …

영어사전에서 "콜로키움colloquium"을 찾아보니, "(대학의) 세미나(conference) ; (일반적으로) 토론회"라고 나옵니다. 이 나라 대학에 몸담은 분들이 우리 말로 학문을 하는 일을 찾아보기란 어렵습니다. 아니, 이 나라 대학에 몸담기만 하면 죄다 우리 말을 잊어버립니다. 아니, 이 나라에서 대학이라는 곳에 발을 디디면 우리 말을 잃거나 내팽개치는 듯합니다. 우리 말은 나 몰라라입니다. 우리 말에는 손사래를 칩니다. 우리 말은 저 멀리 떠나 보내 버립니다.

생각을 나누고 생각을 펼치고 생각을 함께하는 자리를 가리키려 하면서 "생각나눔"이나 "이야기나눔"이나 "슬기나눔" 같은 새 낱말을 토박이말로 지어내지 않습니다. 이러면서 "포럼"과 "세미나"와 "아카데미"를 받아들입니다. "토론"과 "토의"와 "의논"과 "의제"와 "학회"와 "학술토론"을 이어갑니다.

다만, 이와 같은 바깥말로 내 생각을 나타내는 일을 나쁘다고만 볼 수 없다고 하여도, 왜 우리 스스로 우리 말로 내 생각을 나타내려고 하지 않았는가를 돌아보아야지 싶습니다.

모둠 이야기마당

모둠 이야기판

모둠 이야기잔치

…

쓰면 익숙해집니다. 안 쓰면 낯설어집니다. 쓰는 동안 널리 퍼집니다. 안 쓰는 사이 잊힙니다. 바깥말이든 우리 말이든 쓰면 더 널리 퍼지고, 우리 말이든 바깥말이든 안 쓰면 잊히거나 뿌리내리지 못합니다.

쿨cool 081

볼품없고 붙임성 없는 거리의 고양이들은 여전히 징그럽고 재수 없는 존재로 보며, 꼬리가 잘려 나가고 갖가지 잔인한 방법으로 죽임을 당한다. 인터넷에 떠도는 수많은 고양이 사진들로 거리 고양이의 삶까지 쿨해진 것은 아니다.

「to Cats」 143쪽, 권윤주, 바다출판사 2005

그런데 아리스 씨가 화를 더 낼 법도 한데 꽤 쿨하신 편이네요.

「라면 요리왕 15」 74쪽, 탄 카와이/김희정 옮김, 대원씨아이 2005

"거리의 고양이들"은 "거리를 떠도는 고양이들"이나 "거리에서 사는 고양이들"로 다듬습니다. 또는 "길고양이"나 "골목고양이"라 해 주면 됩니다. "여전如前히"는 "예전과 같이"나 "늘 그렇듯이"나 "한결같이"로 손보며, "재수없는 존재存在로"는 "재수없다고"나 "재수없는 녀석으로"로 손봅니다. "잔인殘忍한"은 "끔찍한"이나 "모진"으로 손질합니다. "죽임을 당當한다"는 "죽고 만다"로 손질해 주고 "거리 고양이의 삶"은 "골목고양이 삶"이나 "길고양이들 삶"으로 손질해 봅니다.

쿨해진 것은 아니다

→ 나아지지는 않았다

→ 달라지지는 않았다

→ 좋아지지는 않았다

→ …

인터넷에 떠도는 예쁘장하고 멋들어진 고양이 사진 몇 장 때문에 "고양이 삶이 더 나아지지는 않았다"는 이야기입니다. 한쪽에는 떠받들리는 고양이가 있으나, 다른 한쪽에는 찬밥에 푸대접에 괴롭힘에 시달리는 고양이가 있다고 합니다.

생각해 보면, 고양이뿐 아니라 우리네 사람도 이와 마찬가지입니다. 떵떵거리며 잘사는 사람이 있는 한편, 어깨를 움츠린 채 눌려 지내는 사람이 있습니다. 돈과 이름과 힘이 있는 사람이 내쫓으려 하면 끽소리 못하고 내 삶터를 내주면서 나그네처럼 떠돌아야 하는 사람이 있습니다. 돈 앞에서는 그 어떤 값어치나 뜻도 제대로 펼쳐지지 않습니다. 돈이 되면 아름답다고 여기는 판입니다. 돈이 되니 미친 듯이 불어제끼는 영어바람입니다. 돈이 안 되니 어느 누구도 거들떠보지 않는 우리네 말씀씀이요 글씀씀이입니다.

꽤 쿨하신 편이네요

→ 꽤 차분하신 편이네요

→ 꽤 조용하신 편이네요

→ 꽤 느긋하신 편이네요

→ …

언제부터인가 "쿨하다"란 말이 쓰이더니 이제는 아이들까지도 이 말을 아주 흔하게 씁니다. 신문이고 방송이고 인터넷이고 책이고 학교교사들이고…, 참말로 가리지 않고 거리끼지 않으며 쓴다고 하겠어요.

이렇듯 이 나라 사람들이 흔히 쓰는 "쿨"은 영어사전 뜻풀이 가운데 두 가지 뜻으로 곧잘 쓰인다고 봅니다. 하나는, 첫 번째 보기글에서처럼, "멋진, 근사한, 좋다"인 한편, 다른 하나는 두 번째 보기글과 같이 "(사람·태도가) 냉정冷靜한, 차분한, 침착한, 태연한"이지 싶습니다. 국어사전에 없고 영어사전에만 있는 말, 그러니까 미국말인 "쿨"인데 우리 말처럼 널리 쓰이고, 그동안 쓰던 우리 말은 "마치 알맞게 쓸 만한 말이 아니라는 듯" 여기는 요즈음 흐름입니다. 참, 이런 모습을 뭐라고 말해야 좋을까요. 저도 잘 모르겠습니다. 이런 모습도 "사회성을 보여주는 셈이니 그대로 받아들여야" 할까요. "살며시 떠돌다가 사라지는 말일 뿐이니까, 곧 조용히 사라질 테니까 애써 마음쓸 구석이 없다"고 여기면 될까요.

영어사전 풀이처럼 "냉정-차분-침착-태연"을 쓰면 되는데, "냉정"보다는 "차가운-흔들림 없는-꿋꿋한"이 낫고 "침착沈着"은 "차분함"을 한자말로 뒤집어씌운 말입니다. "태연泰然"은

"버젓함"을 한자말로 담은 말이에요. 따지고 보면 알맞게 쓸 우리 말을 알맞게 쓰지 못하고, "우리 말을 한자말로 덮어씌우며 쓰던 흐름"이 고스란히 미국말 쓰기로 옮겨 갔지 싶어요.

이리하여 낱말 하나만 알맞게 쓴다고 해서 우리 말이 알맞게 자리잡거나 쓰이기는 어렵다고 느낍니다. 낱말도 낱말이지만, 말을 하는 우리 모습과 마음가짐, 말을 바라보는 생각과 느낌부터 제자리를 잡고 옳은 쪽으로 나아가야, 비로소 "쿨"이든 다른 낱말이든, 또 얄궂게 잘못 쓰는 온갖 말썽거리도 슬기롭게 하나하나 풀어낼 수 있으리라 생각합니다.

클럽club 082

초등학교에 입학하면서 방과 후에는 보육 클럽(부모가 일하는 동안 초등학교 아이들을 모아 놓고 돌봐 주는 곳:옮긴이)에서 시간을 보냈다.

「별로 돌아간 소녀」 11쪽, 스에요시 아키코/이경옥 옮김, 사계절 2008

"입학入學하면서"는 "들어가면서"로 다듬고, "방과 후放課 後에는"은 "공부를 마친 뒤"나 "학교를 마친 뒤"로 손봅니다.

보육 클럽에서 시간을 보냈다

→ 어린이집에서 시간을 보냈다

→ 놀이방에서 시간을 보냈다

→ …

보기글은 1970년대 일본 도쿄가 무대인 소설 한 자락입니다. 이 글월에 나오는 "보육 클럽"이라는 데는 우리로 치면 "어린이집"이나 "놀이방" 같은 데입니다. 일본에서는 "보육 클럽"이라는 이름을 달고 아이들을 맡아서 돌보는구나 싶은데, 일본 사람이 쓰는 이름을 고스란히 살려 줄 수 있었겠지만, 굳이 이런 말을 써야 했는가는 더 깊이 헤아려서 털어냈어야 한다고 느낍니다.

"어린이집-놀이방"하고 일본 "보육 클럽"은 무엇이 다를까요. 굳이 "보육 클럽"이라는 말을 넣고 길게 풀이말을 붙여야 할 까닭은 무엇인가요. "어린이집"이라고 적은 다음, "일본에서는 "보육 클럽"이라는 말을 씁니다" 하고 붙여 준다면 한결 알아듣기에 낫지 않으랴 싶습니다.

영어를 쓰는 나라에서는 "클럽"일 터이나, 한국말을 쓰는 나라에서는 "모임"이나 "동아리"이기도 합니다. 그러나, 한국말을 쓰는 나라라고 하지만, 이 나라가 제 나라 말이 아닌 영어를 떠받들며 떠들썩하다면, 어쩔 수 없이 "클럽"이라는 말이 쓰이고, 국어사전에 올림말로 실리는 한편, 어줍잖은 번역글마저 나타나고야 맙니다.

국어사전 보기글 고치기

클럽club

1. 취미나 친목 따위의 공통된 목적을 가진 사람들이 조직한 단체.
   - 사교 클럽 / 클럽에 모이다 / 이번 클럽 대항 축구 대회에는

사교 클럽 → 사교 모임 / 어울림 마당
클럽에 모이다 → 동아리에 모이다
클럽 대항 축구 대회 → 동아리 대항 축구 대회

클릭click 083

저장한 글을 클릭하면 어디 한 군데도 구겨진 곳 없이 모니터에 떠오르는 화면을 보면서 사람의 머리속에도 저런 저장창고가 있나 보다고 생각했다.

「지는 꽃도 아름답다」 40쪽, 문영이, 달팽이 2007

"모니터에 떠오르는 화면을 보면서"는 "모니터에 떠오르는 모습을 보면서"나 "떠오르는 모습을 보면서"로 손보면 좋습니다. "사람의 머리속"은 그대로 써도 나쁘지 않지만, 저라면 "사람들 머리"라고 쓰겠습니다.

저장한 글을 클릭하면

→ 저장한 글을 누르면

→ 갈무리한 글을 부르면

→ …

"마우스"는 "다람쥐"로 고칠 말이라고 합니다만, 이렇게 고쳐쓰는 사람을 보기 아주 어렵습니다. 저는 "다람쥐"라는 말을 쓰는데, 이렇게 말하면 처음에는 거의 못 알아듣다가, "그래, 마우스가 다람쥐를 뜻하잖아. 다람쥐네" 하고 웃습니다.

다람쥐를 누르다

마우스를 클릭하다

“마우스” 아닌 “다람쥐”를 쓰는 우리들 말 문화, 셈틀 문화로 자리를 잡았다면, “클릭”이라는 말은 섣불리 퍼지지 않습니다. 그렇지만 이 나라 문화는 “컴퓨터”이고 “마우스”이며 “키보드”입니다. 이 흐름이 그대로 있는 동안은 어찌할 길 없이 “클릭”을 비롯한 미국말이 두루 쓰일밖에 없다고 생각합니다.

타월towel 084

안드레아 선생님은 짐수레에 실어 두었던 주머니에서 커다란 타월을 꺼내 한스의 머리를 닦아 주었습니다.

「숲에서 크는 아이들」 26쪽, 이마이즈미 미네코·안네테 마이자/은미경 옮김, 파란자전거 2007

"한스의 머리"는 "한스 머리"로 다듬을 수 있습니다.

커다란 타월을 꺼내

→ 커다란 수건을 꺼내

→ 커다란 천을 꺼내

→ …

"수건手巾"이라는 말이 있습니다. "타월"이라는 말을 쓰는 분들은, "수건"이라는 말로 가리키는 물건하고 "타월"은 다르다고 생각할까요.

가만히 살펴보면, "방석方席"과 "쿠션cushion"을 다르다고 여깁니다. 사람들 스스로 "방석" 쓰임새를 넓히지 않고, "수건" 쓰임새 또한 넓히지 않습니다. 조금이나마 새로운 물건이 나오면 영어로 이름을 붙입니다. 영어 아닌 낱말로 이름이 붙었던 물건은 낡거나 아주 오래되기라도 한 듯 내동댕이칩니다.

더 살피면, "수건"이라는 낱말부터 썩 알맞지 않기는 합니다. 왜냐하면 "수건"에서 "수手"는 "손"을 가리켜요. "손수건"이나 "발수건"이 있는데, 이러한 수건은 참말 수건이라 할 수 없습니다. 손을 닦는 천이나 발을 닦는 천이니까, "손닦는천"이나 "손천"이나 "손닦개"처럼 써야 알맞아요.

그렇지만, 사람들은 수건이 얼마나 수건다운지 헤아리지 않습니다. 수건이라는 낱말부터 옳게 헤아리지 못하기에 "타월"이라는 영어를 아무렇지 않게 새로 받아들입니다.

테이스트taste 085

기준이라기보다는 처음에 이야기했던 대로 일종의 저의 테이스트라고 할 수 있습니다.

「강운구 사진론」 360쪽, 강운구, 열화당 2010

"기준基準" 같은 낱말은 그대로 두어도 되지만, "잣대"나 "틀"이나 "금"으로 손볼 수 있습니다. "일종一種의"는 "어떤"이나 "이른바"나 "이를테면"이나 "뭐랄까"로 손질하고, "저의"는 "제"로 손질해 줍니다.

일종의 저의 테이스트라고
→ 이른바 제 취향이라고
→ 이를테면 제가 좋아하는 맛이라고
→ 뭐랄까 제가 사진을 하는 멋이라고
→ …

내가 무엇을 나누려 하고, 내가 어떻게 생각하며, 내가 일구는 삶을 누구하고 이야기하려는가를 돌아볼 때에, 비로소 말문을 엽니다. 한국사람이기 때문에 한국말을 잘 하지 않습니다. 한국사람이래서 한국말을 잘 할 까닭이 없습니다. 한국말을 잘 할 줄 아는 사람이란, 한국땅에서 살아가는 사람으로서 내 넋과 뜻을 고이 더듬으면서 살뜰히 건사하는 사람입니다.

미국에 산대서 미국말을 더 잘 한다든지, 일본에 살기에 일본말을 더 잘 하지 않아요. 마음을 쓰는 사람과 땀을 흘리는 사람이 더 잘 하기 마련입니다.

한국사람으로 타고났을지라도 한국사람다이 살아가지 못하거나 한국말다운 말을 살피지 않는다면 한국말을 잘 할 까닭이 없습니다.

그런데, 영어 "테이스트taste"를 풀이하면서 "미각, 입맛"을 나란히 적고, "시식, 맛보기"를 나란히 적는군요. "감식력"이나 "기호"나 "취향" 뒤에는 딱히 우리 말 풀이를 달지 않습니다. 영어를 배우면서 "테이스트taste"가 지닌 뜻과 쓰임을 헤아리는 분들은 이런 영어사전 말풀이 틀에서 벗어나지 않겠지요. 정작 우리 말은 무엇이요, 우리가 나눌 말이란 무엇인지를 생각하기 어렵겠지요.

제가 좋아하는 사진이라고 할 수 있습니다

제가 즐기는 사진이라고 할 수 있습니다

제가 사진을 하는 맛이라고 할 수 있습니다

제가 사진을 즐기는 멋이라고 할 수 있습니다

…

"저의 테이스트"라는 말마디를 읊는 분은 슬픕니다. 차라리 "마이 테이스트"라 해야지요. 우리 말 "제"를 쓸 줄 모르면서 "저의"라 쓴 대목도 슬프지만, 이보다 "테이스트"에 얽매이는 모습이 슬픕니다. 아무래도 "저의"부터 똑바로 쓰지 못하기 때문에 뒤따르는 낱말을 옳게 고르지 못한다 할 텐데, 낱말 한두 가지 잘못 쓴대서 슬픈 말삶이 아니라, 낱말 한두 가지를 알뜰히 사랑하지 못하면서 내 삶과 내 넋과 내 꿈과 내 길을 어떻게 사랑할 수 있겠는가 싶어 슬픕니다.

텍스트text 086

왜냐하면 그 둘은 똑같은 텍스트이기 때문이다.

「잃어버린 풍경 1」 8쪽, 이지누 엮음, 호미 2005

천재들의 인생은 가장 좋은 텍스트이기 때문이다…. 그 활용하는 방식만 체득할 수 있다면, 천재들의 인생은 가장 좋은 텍스트가 될 것이다.

「도약의 순간」 4-5쪽, 사이토 다카시/이규원 옮김, 가문비 2006

"활용活用하는 방식方式만 체득體得할 수 있다면"은 "살려서 쓰는 길만 몸에 익힐 수 있다면"이나 "쓰는 길만 잘 받아들일 수 있다면"이나 "살려쓰는 길만 잘 헤아릴 수 있다면"쯤으로 다듬어 줍니다. "인생人生"은 "삶"으로 손질하면 되는데, "천재들의 인생"은 "천재들이 꾸려온 삶"이나 "천재들 삶"으로 손질해 봅니다. "될 것이다"는 "된다"나 "되리라 본다"로 손봅니다.

하루가 다르게 "텍스트"라는 영어 낱말을 자주 듣습니다. 글쟁이한테서도 듣고, 책쟁이한테서도 듣습니다. 신문쟁이나 지식쟁이한테서는 벌써 예전부터 이런 낱말을 들었습니다.

그 둘은 똑같은 텍스트이기 때문

→ 그 둘은 똑같은 글과 사진이기 때문

→ 그 둘은 똑같은 이야기이기 때문

→ 그 둘은 똑같기 때문

→ …

보기글 앞자리에서는 "글과 사진"을 아울러 가리키면서 "텍스트"라는 영어 낱말을 넣습니다. 말 그대로 "글과 사진"을 가리키려 했다면, "그 둘은 똑같은 글과 사진이기 때문이다"라고 적으면 그만인데, 굳이 "텍스트"라고 적어 버립니다.

국어사전을 뒤적입니다. 영어 "텍스트"를 버젓이 싣습니다. 이 영어 낱말을 쓰는 사람이 제법 많다고 여겨서 실었는지는 모를 노릇입니다. 다만, 사람들이 제아무리 많이 쓰고 자주 쓴다 하더라도, 우리가 받아들일 만한 낱말이 아니라면 국어사전에 싣지 않아야 옳습니다. 못 싣지요. 그러면, 영어 낱말 "텍스트"는 우리한테 얼마나 걸맞거나 쓰임새 있거나 쓸모 많거나 할는지요. 우리는 바로 이 낱말이 아니고서는 생각과 마음과 뜻을 담아낼 수 없을는지요.

가만히 살피면, 글을 글이라 않고 "텍스트"라 하면서, 그림을 그림이라 않고 "일러스트"라 합니다. 사진을 사진이라 않고 "포토"라 합니다.

사람들이 여느 자리에서까지 영어로 말을 하고 글을 쓰지는 않으나, 생각줄기나 마음밭을 나타내는 숱한 낱말은 "일본 한자말"이었다가 어느새 "미국 영어(영국 영어가 아닌 미국 영어)"로 탈바꿈합니다. 지난날 지식인은 한자를 대놓고 쓰면서 멋을 부리거나 자랑을 했는데, 오늘날 지식인은 영어를 대놓고 끄적이면서 멋을 내거나 어깨를 우쭐거립니다.

가장 좋은 텍스트이기 때문

→ 가장 좋은 이야기이기 때문

→ 가장 좋은 길잡이이기 때문

→ 가장 좋은 가르침이기 때문

→ 가장 좋은 글이기 때문

→ …

보기글 뒷자리에서는 "텍스트"가 두 번 나옵니다. 둘 모두 같은 꼴이라 할 수 있습니다. 두 군데 모두 똑같이 가다듬어도 되고, 앞과 뒤를 사뭇 다르게 풀어내어도 됩니다. 저는 앞과 뒤를 조금은 다르게 풀어내고자 합니다.

가장 좋은 텍스트가 될 것이다

→ 가장 좋은 도움말이 되리라

→ 가장 좋은 스승이 되리라

→ 가장 좋은 책이 되리라 본다

→ 가장 도움이 되리라 본다

→ …

한국에서 살아가는 한국사람 스스로 우리 말이 어떠한가를 제대로 생각하지 않아서 그렇지, 스스로 우리 말을 곰곰이 짚고 살피며 헤아린다면, 언제 어디에서나 싱그럽거나 아름답거나 넉넉하거나 사랑스럽게 나눌 말을 찾을 수 있습니다. 스스로 우리 말을 생각하지 않기 때문에 알맞게 쓸 말을 느끼지 못하고 찾지 못하며 알지 못합니다.

저마다 좋아하는 일에 바치는 품과 눈길과 마음을 헤아려 보면 됩니다. 저마다 품을 얼마나 바치고 눈길을 얼마나 두며 마음을 얼마나 기울이느냐에 따라서 크게 달라집니다. 제대로 품을 바치면 어느 일이든 제대로 됩니다. 제대로 눈길을 두면 어느 일이나 제대로 봅니다. 제대로 마음을 기울이면 어느 일이나 반갑고 즐겁습니다.

옳게 쓰는 글에 마음을 기울여야 옳게 쓰는 글로 마무리짓습니다. 바르게 나누는 말에 눈길을 두어야 바르게 나누는 말을 알아보고 알아채며 알아듣습니다. 알차게 주고받는 이야기에 품을 바쳐야 나 스스로 내 이야기를 알차게 가꾸고, 내 맞은편 또한 당신들 이야기를 한결 알차게 가꾸려고 애씁니다.

새로운 텍스트 발간을 계기로

→ 새로운 책을 펴내는 가운데

→ 새로운 글모음을 묶으면서

→ …

책은 책입니다. 책이니 책이라 하지, 달리 다른 말로 이야기할 까닭은 없다고 느낍니다. 책은 책이지 "서적書籍"이 아니요, "책冊"도 아니며, "북book" 또한 아닙니다. 그예 "책"입니다. 그리고, 책은 책이지, "텍스트"가 아닙니다.

국어사전 보기글 고치기

텍스트text

1. 주석, 번역, 서문 및 부록 따위에 대한 본문이나 원문.
"원전原典"으로 순화
- 책은 그날의 우리가 배웠어야 할 텍스트의 하나요

2. 문장보다 더 큰 문법 단위. 문장이 모여서 이루어진 한 덩어리의 글을 이른다.

책은 그날의 우리가 배웠어야 할 텍스트의 하나요

→ 책은 그날 우리가 배웠어야 할 읽을거리 가운데 하나요

→ 책은 그날 우리가 배웠어야 할 읽을거리 하나요

→ 책은 그날 우리가 배웠어야 할 한 가지요

→ 책은 그날 우리가 배웠어야 할 한 가지 읽을거리요

→ …

트라우마trauma 087

몸에 이상이 없다는 확신을 받는 것은 트라우마를 치료하는 출발점이 될 것입니다… 하지만 그런 트라우마를 겪고 있는 나도 결국 내 일부라는 것을 인정해야 합니다.

「너 아니면 나」 29쪽·106쪽, 정희운, 이매진 2009

"이상異常이 없다는"은 그대로 두어도 되나, "잘못이 없다는"이나 "아픈 데가 없다는"이나 "어긋난 데가 없다는"이나 "망가진 데가 없다는"이나 "틀어진 데가 없다는"으로 손볼 수 있습니다. "확신確信을 받는 것은"은 "믿음을 받는 일은"이나 "믿음 받기는"으로 손질하고, "치료治療하는"은 "다스리는"이나 "고치는"이나 "씻는"으로 손질하며, "출발점出發點이 될 것입니다"는 "첫 끈이 됩니다"나 "첫걸음이 됩니다"나 "첫 단추가 됩니다"로 손질해 줍니다. "결국結局"은 "어디까지나"나 "어엿하게"나 "끝내는"으로 다듬고, "내 일부一部라는 것을"은 "내 모습임을"이나 "내 몸인 줄을"이나 "나와 하나인 줄을"로 다듬고, "인정認定해야"는 "받아들여야"나 "맞아들여야"나 "헤아려야"나 "살펴야"로 다듬습니다.

트라우마를 치료하는

→ 아픔을 씻어내는

→ 생채기를 다독이는

→ 마음앓이를 다스리는

→ 마음아픔을 털어내는

→ …

꽤나 많은 곳에서 "트라우마"라는 낱말을 씁니다. 만화에 붙는 이름으로도 쓰고, 영화에 붙는 이름으로도 쓰며, 학문을 밝히는 자리에도 씁니다. "외상 후 스트레스 장애"라느니 "정신적 외상인 트라우마"라느니 "충격적 경험 뒤의 정신적 후유증"이라느니 "외부로부터 한계량을 넘는 자극이 쇄도하여 자아의 방어막을 파열시킬 때 빚어지는 증상"이라느니 "충격적 경험 때문에 얻은 정신 장애"라느니 하는 "트라우마"라고 합니다. 하나같이 쉽지 않은 말풀이입니다. 사람들이 "트라우마"라는 낱말을 아직 낯설어하며 잘 알아차리지 못하니 이 낱말을 쓰는 분들은 거의 어김없이 말풀이를 덧달려고 묶음표를 치곤 하는데, 모두들 "트라우마"라는 낱말 못지 않게 어렵게 말풀이를 덧달고 맙니다. 앞으로도 이 낱말이 사람들 사이에 널리 자리잡기에는 만만하지 않으리라 봅니다.

그런데 왜 "트라우마"라는 낱말을 써야 할까 궁금합니다. 이 낱말이 아니고는 사람들 삶과 모습을 가리킬 수 없을는지 궁금합니다. 이와 같은 바깥말을 받아들이기 앞서는 우리 나름대로 삶과 모습을 우리 말글로 가리키지 못했는가 궁금합니다.

몸이 다치고 나서 짜증이 일어 생기는 아픔

마음이 다침

끔찍한 일을 겪은 뒤 얻은 마음앓이

바깥에서 지나친 자극을 받아 마음이 다침

사람들이 널리 쓰려고 하니 그냥저냥 "트라우마"라는 낱말을 받아들이며 써야 할는지, 아니면 예부터 어떻게 말하거나 가리켰는가를 돌아보며 오늘날에 알맞게 새로운 낱말을 빚어야 할는지 헤아려 봅니다.

마음이 다치는 일이라 한다면 "마음다침"이거나 "마음앓이"이거나 "마음아픔"입니다. 또는 "마음생채기"입니다. 곰곰이 생각하면, 따로 "마음"이라는 낱말을 앞가지로 붙이지 않으면서 "아픔"과 "생채기"라고만 일컬으면서 "트라우마"와 똑같은 모습을 가리키곤 했습니다. 때로는 "응어리"나 "딱지" 같은 낱말을 썼어요. 어느 때에는 "눈물"이나 "슬픔"이라는 낱말로 우리 마음을 나타냈습니다. "다치다"라든지 "아프다"라든지 "슬프다"라는 움직씨로 우리 모습을 보여줬습니다.

"저 사람한테는 생채기가 깊이 났어요"라든지 "누나한테는 아픔이 얼룩졌어요"라든지 "친구한테는 눈물자국이 마르지 않습니다"라든지 "어머니 가슴에 아로새겨진 슬픔을 누가 씻어

주랴"라든지 이야기할 때에 쓴 "생채기–아픔–눈물자국–슬픔"이 바로 오늘날 사람들이 즐겨쓰는 "트라우마"와 매한가지입니다.

"이 사람은 많이 아픕니다"라든지 "오빠는 아주 힘든 때를 보내요"라든지 "아버지는 더없이 괴로운 나날을 견딥니다"라든지 "슬펐던 일을 잊으려고 호미를 들고 텃밭을 일굽니다"라든지 하는 자리에 쓴 "아프다–힘들다–괴롭다–슬프다" 같은 낱말이란 "트라우마"로 가리키려는 느낌과 이야기하고 마찬가지입니다.

생각을 하려고 하면 생각이 깊이 깃든 낱말을 일구거나 지어서 씁니다. 생각을 안 하려고 하면 생각이 없는 낱말을 아무렇게나 아무 데서나 받아들여 씁니다. 어린아이들이 어른들 욕지꺼리를 고스란히 따라하는 모습이란 어린아이들이 욕지꺼리를 알아서 따라한다기보다 어른들이 늘 지껄이니까 익숙하거나 길들면서 저절로 터져나오는 모습입니다. 어른들도 생각이 없고 아이들도 생각이 없는 셈입니다. 어른들 스스로 입을 함부로 놀리면 안 되겠구나 생각하면서 말매무새를 가다듬어야 할 노릇이고, 아이들 또한 저 어른은 왜 입을 함부로 놀릴까 하고 생각하면서 어른들한테 "그런 말을 쓰면 안 되잖아요?" 하고 따져야 할 노릇입니다.

"트라우마"라는 낱말을 내 삶으로 반드시 받아들여 써야 한다면 써야겠지요. 이 낱말이 아니고서는 마음에 새겨진 생채기나 골을 나타내지 못하겠다면 어쩌는 수 없이 써야겠지요. 그러나 내 깜냥껏 얼마든지 걸러내거나 털어내어 쓸 수 있는 말과 글이 있을 때에는 내 슬기를 빛내는 말길과 글길을 살피면 좋겠습니다. 알차면서 곱고 훌륭한 말마디를 빚어야겠습니다. 한국사람은 한국땅에서 한국사람과 한국말을 나누는 삶을 꾸릴 때에 가장 아름답습니다.

말 한 마디마다 깊은 사랑을 담아야 하고, 글 한 줄마다 너른 믿음을 실어야 합니다. 동무하고 주고받는 말이든 어버이하고 나누는 말이든 아이한테 물려주는 말이든 언제나 사랑과 믿음이 고이 어우러져야 합니다. 정치를 하든 법을 다루든 문학을 하든 똑같습니다. 딱딱한 말이 아닌 고운 말이어야 하고, 거짓스런 말이 아닌 착한 말이어야 하며, 엉터리 말이 아닌 참된 말이어야 합니다.

즐겁게 쓰고 즐겁게 읽는 글이 되며, 즐겁게 말하고 즐겁게 듣는 말이 되어야 합니다. 즐거운 이야기 즐거운 삶 즐거운 넋으로 거듭나야 합니다. 즐거운 사람 즐거운 터전 즐거운 나날로 새로워져야 합니다.

트릭trick 088

정당의 체계는 그들의 진짜 생각을 은폐하려는 남자들의 트릭이다.

「여자로 살기, 여성으로 말하기」 385쪽, 우어줄라 쇼이 엮음/전옥례 옮김, 현실문화연구 2003

"정당의 체계體系"는 "정당 얼거리"나 "정당 짜임새"로 손질합니다. "은폐隱蔽하려는"은 "숨기려는"으로 다듬어 줍니다.

남자들의 트릭이다

→ 남자들 눈속임이다

→ 남자들 속임수이다

→ 남자들이 벌이는 잔꾀이다

→ 남자들이 눈가리는 짓이다

→ …

국어사전에는 "트릭"이 실리지 않아 반갑지만, 국어사전에만 실리지 않을 뿐, 오늘날 사람들은 퍽 자주, 아주 손쉽게 "트릭"이라는 낱말을 씁니다.

영어사전을 찾아보니, 말풀이 첫 대목이 "계교計巧"와 "책략策略"입니다. 이 다음이 "속임수"입니다. 그렇지만, "눈가림"이나 "눈속임"이나 "꾀"나 "잔꾀" 같은 말은 싣지 않습니다. "꾀"를 한자로 옮기니 "計巧"이고, "꾸밈수"나 "꿍꿍이"를 한자로 옮겨 "策略"입니다.

가만히 따지면, 오늘날 이 나라 국어사전 말풀이도 여러모로 아쉽고 안타까운 한편, 영어사전 말풀이도 씁쓸하고 괴롭습니다. 요즘 사람들이 영어 공부에 목을 매다시피 살아가는 모습을 생각한다면, 국어사전 말풀이 못지않게, 어쩌면 국어사전 말풀이보다 훨씬 대수롭다고 할 만한 영어사전 말풀이입니다. 뜻풀이를 어떻게 하고 "한국말하고 비슷하게 쓰이는 낱말"을 어떻게 알려주느냐에 따라서 사람들 말씀씀이는 알차게 나아지거나 얄궂게 고꾸라집니다.

영어사전 말풀이를 살피면 "꾀"나 "꿍꿍이"라는 낱말은 아예 실리지 않습니다. 더없이 어쩔 수 없는 노릇인데, 번역을 하든 통역을 하든, 또 초등학교 아이들이 영어 공부를 하든, 한국사람이 한국말과 한국글을 알맞춤하게 쓰도록 배울 수 없도록 꽁꽁 가로막혔습니다.

파티party 089

찌개는 물론 국에다 불고기, 갈비파티까지 냄새와 쓰레기로 어수선하기 짝이 없다.

「통계로 본 지구환경」 44쪽, 최도영, 도요새 2003

쌀을 수확한 다음에는, 오리고기로 만든 요리로 마을 파티를 열기도 하고…

「즐거운 불편」 156쪽, 후쿠오카 켄세이/김경인 옮김, 달팽이 2004

"찌개는 물론勿論"은 "찌개에다가"나 "찌개는 말할 것 없고"나 "찌개를 비롯해서"나 "찌개부터 해서"로 다듬습니다.

"수확收穫한"은 "거둔"으로 다듬습니다. 그래도 "개최開催하기도"라 하지 않고 "열기도"라 한 대목은 좋습니다.

갈비파티 → 갈비잔치 / 갈비판

생일 파티 → 생일 잔치

파리를 열다 → 잔치를 열다

두말할 까닭 없이 쓰지 말아야 할 영어 가운데 하나가 "파티"입니다. 국어사전 말풀이만 들여다보아도 "모임"이나 "연회"나 "잔치"로 고쳐쓰도록 이야기합니다. 그러나, 이렇게 고쳐쓰는 사람은 아주 드뭅니다. 하나같이 "파티"만을 이야기합니다.

모꼬지도 없고, 도리기도 없습니다. 생일잔치라 하기보다는 생일파티라고들 하니까, 칠순잔치를 일흔잔치라 할 사람이란 거의 없으며, 이제는 칠순파티라고까지 이야기하겠지요.

그나저나, "연회宴會"라는 낱말도 썩 맞갖지 않습니다. 우리말 "잔치"를 한자말로 옮길 때에 "연회"입니다. 한국사람 한국말은 "잔치"입니다. 중국사람 중국말이라면 "宴會"입니다. 미국사람 미국말일 때에는 "party"예요.

마을 파티를 열기도 하고
→ 마을잔치를 열기도 하고
→ 마을 큰잔치를 열기도 하고
→ 마을 한마당을 열기도 하고
→ 마을 놀이마당을 열기도 하고
→ 마을 먹자마당을 열기도 하고
→ …

한 집에서 마련한 먹을거리를 조촐하게 나누든, 도리기로 먹을거리를 마련해서 나누든, 마을이나 동네에서 "잔치판"이 벌어집니다. 잔치판은 "마을 한마당" 노릇을 합니다. 마을 한마당은 "놀이마당"으로 꾸려지기도 하고 "먹자마당"으로 꾸려지기도 합니다. 조촐하게 꾸리는 잔치라면 "작은잔치"라 가리켜도 좋고, 넉넉하게 꾸리는 잔치라면 "큰잔치"라 가리켜도 좋습니다.

펑크puncture 090

언젠가 시골 마을에 있는 작은 성당에 갈 때였어요. 달이도 함께 자동차를 타고 가는데 그만 길에서 타이어 펑크가 나 버렸어요. 아저씨 신부님은 빵빵한 타이어로 갈아 끼우고 나서 잠시 길가에 앉아 쉬었어요.

「비나리 달이네 집」 40쪽, 권정생, 낮은산 2001년

지난 2001년에 나온 권정생 님 그림책에 적힌 "펑크"라는 대목을 놓고 출판사로 전화를 걸어, 아이들이 보는 책에 이 낱말을 그대로 두는 일이 어떠한지 여쭌 적이 있습니다. 출판사에서는 당신들 나름대로 손을 본다고 했지만, 이 대목은 미처 살피지 못했다며 다음에 새로 찍을 때에는 고치겠다고 했습니다.

그러고는 2쇄를 들여다보지 못해서 "펑크"를 "구멍"으로 고쳐 적었는지, 또는 "바람이 빠져"로 손질했는지는 알 길 없이 지냈습니다. 다만, 어린이문학을 하는 권정생 님한테까지도 "구멍"보다는 "펑크"가 익숙할 만큼 이 낱말이 우리 삶터 구석구석에 퍼지거나 뿌리내리거나 번지거나 뿌리박혔구나 하고 새삼 깨달았습니다.

길에서 타이어 펑크가 나 버렸어요

→ 길에서 바퀴에 구멍이 나 버렸어요

→ 길에서 바퀴에 바람이 빠져 버렸어요

→ …

시간이 흘러 2009년 어느 날, 열여덟 번째로 다시 찍은 「비나리 달이네 집」을 새책방에서 다시 끄집어서 펼치는데, 이 대목이 바로잡히지 않았습니다. 아차, 왜 안 고쳤을까? 출판사 일꾼은 틀림없이 고친다고 했는데, 왜 안 고쳤을까?

이런 말마디는 권정생 님이 사시는 동안 찬찬히 말씀을 여쭈어, "권정생 할아버님, 문학에 쓴 글은 함부로 고치면 안 되지만, 또 할아버님한테 익숙한 말투를 함부로 손대어서는 안 되지만, 이 글을 읽을 어린이들이 어릴 적부터 '구멍'이 아닌 '펑크' 같은 말마디에 익숙해지면 안 좋으리라 생각해요. 이 낱말은 '펑크' 아닌 '구멍'으로 고쳐 주어도 될까요?" 하고 이야기했다면, 얼마든지 고치거나 바로잡을 수 있었으리라 봅니다. 차근차근 말씀을 여쭈는데도 권정생 님이 이 대목을 고치지 말고 그대로 두라 했을까요. 출판사에서 권정생 님한테 따로 말씀을 여쭈지 않았을까요.

곰곰이 생각해 보면 "펑크"는 "타이어tire"하고 한동아리가 되어 쓰입니다. "타이어 펑크"라고 씁니다. 우리 말로 "바퀴"를 쓰면 으레 "구멍"이 따라붙으나, 영어로 "타이어"라 하면 저절로 "펑크" 또는 "빵꾸"가 뒤따릅니다.

잘 쓰는 낱말 하나는 잘 쓰는 다른 낱말 하나를 부르고, 잘못 쓰는 낱말 하나는 잘못 쓰는 다른 낱말 하나를 불러들인다고 할까요. 차근차근 가다듬으려고 애쓰면 낱말 하나에서 그치지 않고 내 모든 낱말이 알차거나 싱그러울 수 있습니다. 제대로 마음쓰지 않으면 낱말 하나를 비롯해 내 모든 낱말이 얄궂거나 뒤틀릴 수 있습니다.

구멍나다 / 바람빠지다

국어사전에는 "구멍나다" 같은 낱말은 실리지 않습니다. "바람빠지다" 또한 안 실립니다. 그렇지만, 이러한 낱말을 한 낱말로 삼아서 즐겁게 올려놓을 수 있으면 참으로 좋으리라 생각합니다. 국어학자가 애쓰지 않으면, 동화 쓰는 어른부터 애쓰고, 동화 쓰는 어른부터 애쓰지 못하면, 아이와 함께 살아가는 여느 어버이부터 애쓰면 좋겠다고 느낍니다.

"펑크"와 "빵꾸"를 털어낼 좋은 말길을 하나 마련하면서, 다른 말마디를 아름다이 여밀 좋은 말길을 차츰차츰 마련해야 하지 않으랴 싶습니다.

펑크도 때워야

→ 구멍도 때워야

→ 구멍난 데도 때워야

→ 구멍난 곳도 때워야

→ 구멍이 나면 때워야

→ …

남을 해코지하려고 하는 짓을 가리킬 때라면 "구멍내다"와 "바람빼다"가 될 테지요. 이 낱말은 바퀴에 구멍이 나도록 하는 일뿐 아니라 어떠한 일이 틀어지도록 하는 자리에도 쓸 수 있습니다. "김새다"라는 낱말이 있는데 "바람빼는" 일이란 내 둘레 사람들한테 김새게 하는 일이 되겠지요.

예나 이제나 일본말 "빵꾸"를 널리 쓰는 한국사람입니다. 그나마 요사이에는 "펑크"로 바로잡으려고 하는 분들이 많습니다. 다만, "빵꾸"가 아닌 "펑크"가 맞다고까지 이야기를 하기는 해도, "구멍"으로는 나아가지 못합니다. 펑크나 빵꾸라고 뇌까리기 앞서 누구나 으레 "구멍"이라고만 이야기했는데, 일제강점기 탓이라고만은 할 수 없이 한국사람 스스로 "구멍"이라는 우리 말을 내다 버렸습니다.

우리 말 "구멍"은 그리 쓸 만하지 않다고 여기기 때문일까요. 우리 말로 읊는 "구멍"이라는 낱말은 썩 알맞지 않다고 느끼기 때문인가요. 우리 말 "구멍"으로는 뚫린 모습을 나타내기에 어울리지 않다고 보기 때문이나요. 우리 말 "구멍"은 어쩐지 시골스럽거나 어리숙하거나 예스럽거나 낡아빠지거나 모자라다고 생각하기 때문인지요.

국어사전을 들추어 보니, "펑크"라는 미국말을 놓고 네 가지 뜻풀이를 답니다. 아주 버젓이 답니다. 그러면서 이 낱말을 쓰는 일이 옳은가 그른가를 따지지 않습니다. 하나같이 "구멍"을 가리킨다고 풀이를 하면서 "구멍"이라는 우리 낱말로 고쳐쓰도록 이끌지 않습니다.

"빵꾸"라는 낱말을 찾아볼 때에도 마찬가지입니다. 이 나라 국어사전은 "→ 펑크"라고만 달 뿐입니다. "구멍"을 일컬어 일본사람들이 영어 "puncture"를 일본 겨레 깜냥껏 나타낸 낱말임을 밝히지 않습니다.

우리 삶자리에 스며든 일본말을 떠올릴 때에 으레 "고구마"를 먼저 헤아립니다. 사람들이 즐겨먹는 고구마는 "일본말로 지은 이름"입니다. 그러나 이 나라 국어사전은 고구마가 일본말이라고 따로 밝히지 않습니다. 일본사람이 붙인 이름을 우리가 받아들였으나 어느새 한국말로 녹아들어서, 굳이 말밑이 어떠한가를 안 밝혀도 될 만큼 바뀐 까닭이기도 할 테지요.

모르기는 몰라도 사람들 입에 더 가까운 "짜장면" 같은 낱말도 나중에는 이리 굳어지지 않을까 싶습니다. 백 해나 이백 해쯤 뒤에는 "빵꾸"나 "엥꼬" 같은 낱말마저 한국말로 굳을 수 있어요. 다만, "엥꼬"는 그럭저럭 걸러내려고 하는 매체가 있어 뿌리내리지는 않겠으나, 기름집에서 기름을 넣는 이들이 즐겨 쓰는 "엥꼬-만땅"이 쉽사리 떨어질 턱이 없다고 느낍니다. 다들 앞에서는 "이처럼 잘못 쓰는 일본말 찌꺼기를 걷어냅시다!" 하고 외치지만, 정작 뒤에서는 자가용을 씽씽 빵빵 몰면서 "여기 만땅 채워 주세요!" 하고 소리칩니다.

대학교에서는 학점을 "A, B, C, D, F"로 매깁니다. "가, 나, 다, 라, 마"나 "ㄱ, ㄴ, ㄷ, ㄹ, ㅁ"처럼 매기지 않습니다. 그나마 "수秀, 우優, 미美, 양良, 가可"처럼 매기는 일은 고등학교로 끝입니다. 우리 글이 있어도 우리 글로 삶을 다루지 못한다고 하겠습니다.

이리하여 이 흐름은 삶자락 곳곳으로 퍼집니다. 이 보기글에서뿐 아니라, 자전거를 타고다니는 사람 가운데 바퀴에 구멍이 난 일을 놓고 "구멍"이 났다고 말하는 사람은 매우 드뭅니다. 자전거 몸통이나 부품을 가리키는 낱말이 하나같이 영어로만 자리잡는 오늘날 흐름 그대로 "펑크"라고만 합니다. "저지jersey"라고 하는 이름을 붙인 자전거옷을 입는 자전거꾼은 누구나 "펑크"에다가 "빵꾸"만 뇌까립니다.

국어사전 보기글 고치기

펑크puncture

1. 고무 튜브 따위에 구멍이 나서 터지는 일.
   - 펑크를 때우다 / 타이어에 펑크가 나다
2. 의복이나 양말 따위가 해져서 구멍이 뚫리는 일.

– 양말에 펑크가 나다 / 신발 앞쪽에 펑크가 났다
3. 일이 중도에 틀어지거나 잘못되는 일.
 – 일이 엉뚱한 데서 펑크가 났다 / 그가 오늘 모임에 펑크를 냈다
4. 낙제에 해당하는 학점을 받음을 이르는 말.
 – 그 과목은 저번 학기에도 펑크를 냈던 과목이다

펑크를 때우다 → 구멍을 때우다
타이어에 펑크가 나다 → 바퀴에 구멍이 나다
양말에 펑크가 나다 → 양말에 구멍이 나다
신발 앞쪽에 펑크가 났다 → 신발 앞쪽에 구멍이 났다

일이 엉뚱한 데서 펑크가 났다
→ 일이 엉뚱한 데서 구멍이 났다
→ 일이 엉뚱한 데서 잘못되었다
→ 일이 엉뚱한 데서 틀어지고 말았다
→ …

그가 오늘 모임에 펑크를 냈다
→ 그가 오늘 모임에 구멍을 냈다
→ 그가 오늘 모임을 틀어지게 했다
→ 그가 오늘 모임에 나오지 않았다
→ …

그 과목은 저번 학기에도 펑크를 냈던 과목이다
→ 그 과목은 저번 학기에도 구멍이 났던 과목이다
→ 그 과목은 저번 학기에도 떨어졌던 과목이다
→ 그 과목은 저번 학기에도 학점을 못 채운 과목이다
→ …

포맷format 091

일본의 모범을 따라 거대 만화 전문 출판사들이 탄생했고, 주간 만화 잡지, 격주간 만화 잡지라는 새로운 포맷이 등장했고…

「꺼벙이로 웃다, 순악질 여사로 살다」 148쪽, 박인하, 하늘아래 2002

"일본의 모범模範을 따라"는 "일본을 따라"나 "일본이 걷던 길을 따라"로 손봅니다. "거대巨大"는 "큰"으로 다듬고, "탄생誕生했고"는 "태어났고"나 "나왔고"로 다듬으며, "등장登場했고"는 "나타났고"로 다듬습니다.

새로운 포맷이 등장했고

→ 새로운 형식이 나왔고

→ 새로운 틀이 나왔고

→ 새로운 짜임새가 나타났고

→ …

"모양"이나 "형식"을 가리킨다고 하는 미국말 "포맷format"이군요. 그러면 이 말뜻 그대로 "모양"이나 "형식"이라고 말하면 되지 않을까 싶습니다. 구태여 "포맷" 같은 미국말을 끌여들여서 이야기할 일은 아니라고 느껴요.

국어사전을 살펴보면 "구성-서식-양식-체제"로 고쳐쓰라고 나오는데, 이러한 한자말이 아니더라도 "짜임새-얼거리-틀거리-얼개-틀" 같은 토박이말로 고쳐쓸 수 있습니다. 또한 우리 낱말책이라 한다면 "포맷" 같은 영어는 싣지 말아야지요.

그러고 보면, 국어학자들이 낱말책에 "포맷" 같은 낱말을 버젓이 싣는 한편, 글쟁이들이 문학을 이야기한다면서 "포맷"이라는 말을 쓰는데다가, 인터넷이나 컴퓨터를 다루는 자리에서도 으레 이런 "포맷"을 쓰니 어쩔 수 없이 자꾸자꾸 쓰임새를 넓히지 않느냐 싶습니다.

포토그래퍼 photographer 092

나의 어린 시절부터 포토그래퍼가 된 지금까지의 경험과 생각을 뒤집어 볼 수 있게 된 것에 감사한다.

「왜관 촌년 조선희, 카메라와 질기게 사랑하기」 7쪽, 조선희, 황금가지 2004

"나의"는 "내"로 고치고, "어린 시절時節"은 "어린 날"이나 "어릴 때"로 고쳐 줍니다. "지금只今까지의 경험經驗과 생각을"은 "이제까지 겪은 일과 생각을"이나 "여태껏 겪으며 생각한 여러 가지를"로 손질하고, "감사感謝한다"는 "고맙게 느낀다"나 "고맙다고 느낀다"나 "고맙다"로 손질해 봅니다. "있게 된 것에"는 "있어서"나 "있기에"로 다듬습니다.

포토그래퍼가 된

→ 사진가가 된

→ 사진쟁이가 된

→ …

그림을 그리는 사람은 "그림꾼" 또는 "그림쟁이"이지만, 따로 한자로 이름을 지어서 "화가畫家"라고도 합니다. 글을 쓰는 사람은 "글꾼" 또는 "글쟁이"이지만, 이 또한 따로 한자로 이름을 삼아서 "작가作家"라고 합니다. 사진을 하는 사람이라면 으레 "사진꾼"이나 "사진쟁이"여야 할 텐데, "사진"이라는 말은 살리지만, 뒤에는 "-가家"나 "-작가作家"라는 말을 붙여서 "사진가"나 "사진작가"라고만 합니다.

그리고 오늘날, 이 나라에서 사진을 한다는 분들은 "사진가"나 "사진작가"라는 말마저 버리고 "포토그래퍼"가 되고 맙니다.

사진 찍는 사람이 된
사진 찍는 일을 하게 된
사진을 찍으며 살게 된
사진을 찍으며 사는

신을 기우니 "신기료"요, 구두를 닦으니 "구두닦이"며, 장사를 하니 "장사꾼"입니다. 과일을 파니 과일장사꾼이요, 나물을 파니 나물장사꾼이며, 두부를 파니 두부장사꾼입니다. 책을 팔면 "책장사"입니다. 지식을 다루거나 파니까 "지식장사"입니다. 땅을 사고파니 "땅장사"이며, 돈 놓고 돈 먹는 일을 하니까 "돈장사"입니다.

뒷돈을 챙기거나 검은돈을 주고받으니 나쁘지, 장사가 나쁘지 않습니다. 사냥꾼, 장사꾼, 일꾼, 농사꾼처럼, 문화와 예술을 다루는 사람들 또한 글꾼, 그림꾼, 사진꾼입니다. 책 만드는 일을 하는 사람을 일컬어 출판노동자라고도 하지만, "책꾼"이라고 일컬어도 잘 어울립니다.

사진과 함께 사는
사진으로 살아가는
사진밥을 먹는

책마을에서 일하는 사람은 "책밥"을 먹습니다. 공장에서 일하는 사람은 "기름밥"을 먹습니다. 광산에서 돌을 캐면 "돌밥"을 먹을 테지요. 그림을 그리며 살림을 꾸린다면 "그림밥"을 먹고, 사진을 찍어 살림을 이끈다면 "사진밥"을 먹습니다.

사진으로 살아갑니다. 사진과 함께 삽니다. 사진을 늘 옆에 끼고 살아갑니다. 사진을 벗삼거나 동무삼습니다. 사진이 길동무가 되거나 스승이 됩니다. 이슬떨이이기도 한 사진이며, 어깨동무인 사진입니다.

사진가 길을 걷는
사진길을 걷는
사진쟁이로 살아가는

이리하여 사진가라는 길을 걷습니다. 사진쟁이라는 길을 걷습니다. 사진꾼이라는 길을 걷습니다. 제 나름대로, 제 깜냥껏,

제 재주껏 사진길을 걷습니다. 사진으로 살고 사진으로 죽으며, 사진으로 날고 사진으로 깁니다. 사진으로 뜨고 사진으로 지며, 사진으로 밥먹고 사진으로 잠잡니다.

풀full 093

생산성도 높아져 매일 풀로 가동시키지 않더라도, 살아가는데 필요한 기본적인 재산과 물질 정도는 생산할 수 있습니다.

「즐거운 불편」 318쪽, 후쿠오카 켄세이/김경인 옮김, 달팽이 2004

"매일每日"은 "날마다"나 "늘"로 다듬고, "가동稼動시키지"는 "돌리지"로 다듬습니다. "살아가는데 필요必要한"은 "살아가는 데에 있어야 할"이나 "살아가는 데 꼭 써야 할"로 손보고, "기본적基本的인"은 "바탕이 되는"으로 손보며, "정도程度는"은 "-쯤은"으로 손봅니다. "생산生産할"은 "만들"이나 "얻을"로 손질해 줍니다.

풀로 가동시키지 않더라도

→ 끝없이 돌리지 않더라도

→ 쉼없이 돌리지 않더라도

→ 쉬지 않고 돌리지 않더라도

→ 쉴 새 없이 돌리지 않더라도

→ …

영어사전에서 "풀full"을 찾아보면 모두 열네 가지 뜻풀이가 나옵니다. 뜻풀이는 열네 가지이지만, 하나하나 더 들여다보면 쓰임새가 무척 넓구나 하고 헤아릴 수 있습니다. 이와 마찬가지로, 토박이말 "많다"나 "가득하다"나 "넉넉하다" 같은 낱말을 찾아보더라도 온갖 쓰임새를 헤아릴 수 있어요. 그래서, 이런 말씀씀이와 말뜻을 헤아리는 동안, 영어 "full"은 그때그때 알맞게 갖가지 우리 말로 옮겨내야 한다고 깨닫습니다. 또한, 갖가지 우리 말이 영어 "full" 한 가지로 모두어지기도 한다고 깨닫습니다.

그나저나, 왜 "풀"을 써야 할까 궁금합니다. "가득 찼다"든지 "가득하다"든지 "넘는다"든지 "넘친다"든지 "크다"든지 "넉넉하다"든지 "짙다"든지 "아주 많다"든지 "모두 왔다"든지 "배부르다"든지 "다 찼다"든지 "벅차다"든지 "흐뭇하다"든지 "많다"든지 "부풀었다"든지 하고 적으면 그만이 아닐는지요.

공장에서 기계를 돌릴 때에는 "쉬지 않고" 돌린다고 하면 되지 않을까 생각합니다. "끝까지" 돌린다고, "돌릴 수 있는 만큼 다" 돌린다고 하면 넉넉하지 않으랴 싶습니다. "되도록 많이" 돌린다고 하거나 "힘닿는 대로" 돌린다고 하면 될 텐데 하는 생각도 듭니다.

우리 말을 아낌없이 사랑하고, 그지없이 가꾸며, 더없이 보듬을 때 가장 넉넉하며 아름답지 않겠느냐 생각합니다. 가득한 사랑과 넘실거리는 믿음으로 예쁘게 살아가며 말과 글을 보듬을 수 있으면 좋겠습니다.

프라이fry 094

"응, 내가 직접 만들어. 크림 스튜도 잘 만들고 계란 프라이도 잘 해."

「고마워, 엄마」 86쪽, 유모토 가즈미/양억관 옮김, 푸른숲 2009

"직접直接"은 "몸소"나 "손수"나 "스스로"로 다듬습니다. "스튜stew"는 서양 먹을거리이기 때문에 서양말로 가리켜야 하지 않느냐 싶기도 하지만, "국"이라든지 "찌개"라든지 "조림" 같은 낱말로 일컬어도 괜찮지 않으랴 싶습니다. "섞어찌개"라든지 "모둠찌개"라 하면서 앞가지를 알맞게 붙여 볼 수 있을 테고요. 저마다 어떤 먹을거리를 마련하느냐를 가만가만 살피면서 내가 마련하여 즐기는 먹을거리에 가장 알맞을 이름을 찾아본다면 참으로 고맙겠습니다.

계란 프라이

→ 달걀 부침

→ 달걀 지짐

→ …

어릴 적부터 으레 듣던 흔한 먹을거리 이름 가운데 "계란 후라이(프라이)"가 있습니다. 초등학생이던 때에 이 먹을거리 이름이 옳으니 그르니 생각하거나 따진 적은 없습니다. 어른들이 하나같이 "계란 후라이(프라이)"라 말하니 저 또한 어른들 말씨를 고스란히 따랐습니다.

그러다가 어느 날 학교에서 어느 선생님이 살짝 꼬집지 않았느냐 싶은데, 아니 초등학교 국어 시간이었을 텐데, 한글날 즈음 해서 우리 말과 글을 다시 돌아보자고 하면서, 우리 말 "달걀(닭알)"이 있어도 "계란"이라는 말을 함부로 쓸 뿐 아니라 "에그egg"라는 영어까지 버젓이 쓴다는 이야기를 듣습니다. 아마, 텔레비전에서 익살꾼이 "에그(에그머니)"라는 한국말이랑 "에그egg"라는 영어를 섞으며 말놀이를 했기 때문에, 어린 동무들 누구나 "에그=달걀"인 줄 알았지 싶어요.

그나저나, 모두들 그냥저냥 "계란"이라고만 말했습니다. 왜냐하면 거의 모든 어른들이 "달걀 한 판"이라 말하기보다 "계란 한 판"이라고만 말했거든요.

달걀도 잘 부쳐

달걀도 잘 지져

…

개구쟁이요 코흘리개였던 철부지는 어린 날에 한글날 즈음 해서만 "아, 달걀이라고 하는 좋은 우리 말을 그동안 잊고 살았구나. 뉘우쳐야지" 하고 생각합니다. 그렇지만 며칠 뒤에는 금세 잊습니다. 이러기를 여러 해 되풀이하다가 어느 해에 비로소 "부침개"가 부쳐서 먹는 밥거리이고, 달걀 또한 부쳐서 먹는다고 하면 "달걀 부침개"인가 하고 생각합니다. "달걀 부침개"라 하면 좀 안 어울리지 않을까 싶어 "달걀 부침"이라고만 하면 될까 하고 생각을 고칩니다. 어른들은 "부쳐" 먹는다고도 말하고 "지져" 먹는다고도 말하니까, "달걀 지짐"도 맞는 말이 아닐까 하고 생각합니다.

중학생이 되던 해부터는 저 스스로 "달걀 부침"과 "달걀 지짐"이라는 말만 쓰기로 다짐하고 이를 지킵니다. 그러나 우리 집에서 밥을 해 주시는 어머니는 언제나 "계란"이었고 "계란 후라이"였습니다. 때때로 "계란 하나 부쳐 줄까?"라 말씀하신 적이 있으나 "계란 후라이 하나 해 줄까?"라는 말씀을 훨씬 자주 했습니다.

한번 굳은 말버릇이란 고치기 힘들고, 한번 뿌리내린 말투란 눈을 감는 날까지 이어지리라 봅니다. 옳고 바르며 좋은 말버릇이든 궂고 뒤틀리며 못난 말버릇이든 고치기 어렵습니다. 어쩌면 못 고친다고 해야 맞지 싶습니다. 따스하고 넉넉하며 사랑스러운 말투뿐 아니라 차갑고 메마르며 모진 말투 또한 언제나 이어지는 매무새가 아니랴 싶습니다. 참말 뼈를 깎듯 애를 쓸 때라야 바로잡는 내 말버릇이요 말투요 말결이요 말매무새요 말씀씀이라고 느낍니다.

프레임frame 095

이번에도 양우는 열 쪽이나 되는 자료를 직접 타이핑하고 대강의 강의 프레임까지 짜 와서 우리를 놀라게 했다.

「노란잠수함, 책의 바다에 빠지다」 105쪽, 조원진·김양우, 삼인 2009

"직접直接"은 "손수"로 다듬습니다. "타이핑typing하고"는 "타자로 옮기고"나 "치고"로 손보고, "대강大綱의"는 "얼추"나 "웬만한"이나 "웬만큼"으로 손봅니다. "강의講義"는 그대로 두어도 되나, "이야기"로 손질해 주어도 어울립니다.

강의 프레임까지

→ 강의할 줄거리까지

→ 강의할 얼거리까지

→ 강의할 틀거리까지

→ 강의할 틀까지

→ 강의할 뼈대까지

→ …

자동차 뼈대를 가리켜 "프레임"이라고들 이야기합니다. 자전거 뼈대를 놓고도 "프레임"이라고들 말합니다. "자동차 뼈대"나 "자전거 뼈대"라 말하는 사람은 거의 못 보았습니다. "자동차 몸통"이나 "자전거 몸통"이라 말하는 사람은 드물게 있으나, 아주 드물 뿐입니다.

국어사전을 찾아보면 "틀"로 고쳐쓰라고 나옵니다. 말풀이를 살피면 "뼈대"를 가리킬 뿐인 "프레임"인 줄을 알 수 있습니다. 그런데, 이와 같이 쓰면 넉넉할 "틀"이요 "뼈대"인데에도, "틀"이라 하지 않고 "뼈대"라 하지 않습니다. 그예 영어로 말합니다. 아주 스스럼없이 영어로 이야기합니다.

곰곰이 돌아보면, 지난날에는 "차체車體"라고들 했습니다. 지난날에도 "뼈대" 같은 토박이말을 사랑하지 않았고, "틀"이나 "얼거리"나 "얼개" 같은 다른 토박이말 또한 사랑하지 않았습니다. 한겨레 말로 이야기하기보다는, 한자말을 높이 샀습니다. 아니, 여느 사람을 다스리는 사람들이 쓴 말이 한자말, 곧 한문이었습니다. 이러다가 오늘날 여느 사람을 다스린다는 사람들은 영어를 즐겨씁니다. 모두한테 영어를 가르치려고 달려듭니다. 아이들한테 영어 아니면 죽은 목숨인 듯 생각하도록 길들입니다. 관공서이건 학교이건 언론사이건 한결같습니다. 모두들 영어바람에 휩쓸릴 뿐, 넋과 얼을 돌아보려 하지 않습니다. 한겨레가 디딘 땅을 살피려 하지 않습니다. 우리를 둘러싼 이웃을 헤아리려 하지 않습니다.

한자말을 즐겨쓰던 지난날 권력자와 기득권과 지식인한테는 한자말이 가장 쉬웠습니다. 한자말로 당신들 뜻과 마음과 생각과 넋을 나타내기에 좋았습니다. 배꽃이 피고 하얀 달이 밝은 밤을 노래할 때에도 "이화에 월백하고"라 했지, "배꽃에 달 밝고"라 하지 않았습니다.

한자로 여느 사람들을 내리누르던 이들이 우스갯소리처럼, "이화여대"를 "배꽃계집큰배움터"로 이름을 고칠 수 있느냐?" 고 따지곤 합니다. 1960년대부터 2000년대까지 이런 말을 끊임없이 되풀이합니다. 우리 말 운동을 하는 어느 누구도 이런 생각을 꺼내지 않았고 밝히지 않았는데, 권력자 스스로 이런 말을 우스갯소리처럼 꺼냈습니다. 우리 말로 생각을 가다듬는 일을 사람들이 너무 지나치거나 터무니없다고 생각하도록 꺼낸 말이라고 느낍니다만, 다른 한편으로는 뜻밖에 얻는 좋은 생각이라고 느낍니다. "대학교"를 굳이 "큰배움터"로 고쳐쓰지 않아도 된다고 느끼지만, "이화梨花"라는 이름은 "배꽃"으로 고쳐쓰면 한결 어여쁘고 아름답지 않을까 싶습니다. 여자만 다녀서 여대라 할 수 있으나, 따로 "여-"를 붙이지 말고, "배꽃대학교"처럼 적으면 꽤 괜찮겠구나 싶어요.

이렇게 되면 이 학교 앞 밥집은 "배꽃밥집"일 수 있고, 문방구는 "배꽃문방구"일 수 있습니다. 구멍가게는 "배꽃가게"일 수 있으며, 책방은 "배꽃책방"일 수 있습니다. 술집은 "배꽃술집"이 될 수 있는 한편, "배꽃찻집"도 나올 수 있을 테지요.

갇히는 생각이면 언제나 갇힐 뿐이지만, 열리는 생각이면 언제나 열립니다. 지식자랑이나 한자자랑이나 영어자랑이고프다면 앞으로도 지식자랑이나 한자자랑이나 영어자랑으로 치달을 텐데, 말글사랑이나 이웃사랑이 고프다면 예나 이제나 앞으로나 말글사랑과 이웃사랑으로 거듭납니다.

강의 프레임까지 짜 와서

→ 이야기할 틀까지 얼추 짜 와서

→ 이야기 나눌 얼거리까지 어느 만큼 짜 와서

→ 이야기 틀거리까지 웬만큼 짜 와서

→ …

그러고 보니, 대학교 같은 데에서 사람들을 가르친다고 하면서 내놓는 생각들은 "강의 계획"입니다. "강의 프레임"까지는 아닌 줄 압니다. 그렇지만 또 모르는 노릇이지요. 2000년대 대학교 같은 데에서는 "강의 프레임"이라 할는지 모릅니다. 2010년대부터는 이와 같이 말할는지 모릅니다. 학원에서도 이렇게 말할는지 모릅니다. 중·고등학교 입시교육 또한 이처럼 말할는지 모르고요.

프리미엄premium 096

민주노동당 후보로는 첫 번째 선언이었던 프리미엄도 있었지만, 출마 선언문에 담긴 내용도 긍정적인 평가를 받았다.

「당당한 아름다움」 170쪽, 심상정, 레디앙 2008

"내용內容"은 그대로 두어도 되나, "이야기"나 "줄거리"로 손보면 한결 낫습니다. "긍정적肯定的인 평가評價를 받았다"는 "좋은 소리를 들었다"나 "좋다고들 말했다"로 다듬습니다.

프리미엄도 있었지만

→ 덤도 있었지만

→ 보람도 있었지만

→ 도움도 받았지만

→ …

영어 "프리미엄premium"은 "할증금割增金"과 같다고 합니다. "할증금"을 국어사전에서 뒤적이니, "일정한 가격, 급료 따위에 여분을 더하여 주는 금액"이라고 풀이합니다. 우리 말로 치면 "덤"이나 "웃돈"입니다.

그러면 우리 말 그대로 "덤"이라 말하거나 "웃돈"이라 가리키면 되지 않을까 싶습니다. "덤"이나 "웃돈"을 뜻하는 한자말 "割增金"을 쓰거나, 이와 같은 뜻인 영어 "premium"을 가져다가 붙여야 할 까닭은 없습니다.

플레이play 097

그런 의미에선 스캔들 덕에 마지막 투지를 불살라 플레이를 할 수 있었지.

「제3의 눈 4」 119쪽, 하야세 준그림, 야지마 마사오 글/문미영 옮김, 닉스미디어 2001

"의미意味"는 "뜻"으로 고칩니다. "투지鬪志"는 그대로 두어도 괜찮으나 "싸우려는 마음"으로 손보면 한결 좋습니다.

플레이를 할 수 있었지

→ 될 수 있었지 / 싸울 수 있었지 / 힘을 낼 수 있었지 / …

운동 선수한테 힘을 북돋워 준다면서 "플레이, 플레이, 아무개!" 같은 말을 외칩니다. 우리 말로 풀자면 "힘내라, 힘내라, 아무개!"나 "뛰어라, 뛰어라, 아무개!"쯤 될 테지요. 또는 "싸워라, 싸워라, 아무개!"쯤 되거나.

운동경기를 중계하는 분들은 으레 "아무개 선수 플레이를 보면…" 하고 말합니다. 우리 말로 풀자면, "아무개 선수 뛰는 모습을 보면…"이나 "아무개 선수 경기 모습을 보면…"쯤 되는 이야기일 테지요.

플립flip 098

아야는 휴대 전화의 플립을 닫았다.

「졸업」 38쪽, 시게마츠 기요시/고향옥 옮김, 양철북 2007

"휴대携帶 전화"는 "가지고 다니는 전화"입니다. 아시아에서만 쓰는 영어라는 "핸드폰handphone"은 "손에 쥐는 전화"입니다. 휴대 전화와 마찬가지로 "손에 들고 가지고 다니는 전화"입니다. 이러한 말은 이대로 쓸 수도 있겠지만, "손전화"로 손질해도 좋습니다.

플립을 닫았다

→ 뚜껑을 닫았다

→ 덮개를 닫았다

→ …

손에 쥐거나 주머니에 넣어 가지고 다니는 전화기에 뚜껑이 있곤 합니다. 뚜껑이 없으면 단추가 아무렇게나 눌리니까요.

뚜껑이 없이 접히는 전화기도 있습니다. 반으로 똑 갈라서 접으면, 뚜껑이 없더라도 헛눌리는 일이 없습니다.

핸드폰 플립

손전화 덮개 / 손전화 뚜껑

모르는 일이지만, 사람들이 가지고 다니는 전화기를 "손전화" 같은 낱말로 다듬어 주면서 살아간다면, "뚜껑"이나 "덮개"라는 낱말이 널리 쓰이리라 봅니다. 그러나, "손전화"이든 다른 알맞춤한 낱말이든 살피지 않는 한편, 살갑거나 싱그러운 말마디로 다듬어 내지 않는데다가, 그냥 "핸드폰"이나 다른 미국말로 이름을 붙이면서 살아간다면, "플립" 같은 말이 두루두루 퍼지거나 뿌리를 내리리라 봅니다.

그나저나, "flip"이 어떤 뜻으로 쓰이는 낱말인 줄 제대로 알면서 이 낱말을 쓰는지 모르겠습니다. 영어사전에서 이 낱말을 한 번이라도 찬찬히 찾아보기라도 하는지 궁금합니다.

flip

1. 손가락으로 튀기다; 가볍게 치다〔던지다〕; (화폐 등을) 튀겨올리다

2. (기구 등의) 스위치를 찰칵 누르다〔돌리다〕; (레코드·달걀 프라이 등을) 홱 뒤집다;(물건을) 홱 움직이다; (책장 등을) 홱 넘기다; (책 등을) 홱 움직여 (…의 상태)로 만들다

3. (속어) (사람을) 이성을 잃게 하다, 극도로 흥분하게 하다; 열중시키다

4. (속어) (달리는 차에) 뛰어 올라타다

피드백feedback 099

근 1년에 가까운 긴 시간 동안 매주 원고에 대한 피드백을 하며 필자를 독려한 서영희 팀장님과…

「모든 기다림의 순간, 나는 책을 읽는다」 7쪽, 곽아람, 아트북스 2009

"근近 1년一年에 가까운 긴 시간時間 동안"은 "거의 한 해 가까이"나 "거의 한 해 가까이 기나길게"로 다듬고, "매주每週"는 "주마다"로 다듬습니다. "원고原稿에 대對한"은 "글을 놓고"로 손보고, "필자筆者를 독려督勵한"은 "글쓴이를 북돋운"이나 "글쓴이를 이끌어 온"으로 손봅니다.

원고에 대한 피드백을 하며

→ 원고를 놓고 생각을 나누며

→ 글이 어떠한가 생각을 주고받으며

→ 글을 주고받으며

→ …

한국말은 "글쓴이"이고 한자말은 "필자筆者"입니다. 영어를 쓰는 나라에서는 이들을 어떤 이름으로 가리킬까요. 일본이나 중국에서는 글을 쓰는 사람을 일컬어 "筆者"로 가리킬 텐데,

우리도 "筆者"로 가리키거나 "필자"로 가리켜야 할까요, 아니면 한국말 그대로 "글쓴이"로 가리켜야 할까요. 그리고 영어를 쓰는 나라 사람들이 한국말을 배운다고 할 때에 글을 쓰는 사람을 두고 어떤낱말로 일러 주어야 할까요.

물리와 교육과 심리와 언론에서 쓴다고 하는 영어 "피드백 feedback"입니다. 글쓴이는 책을 만드는 자리에서 "글쓴이와 엮은이로서 서로서로 글을 주고받으면서 이 글을 어떻게 생각하는가"를 나누었다고 합니다. 이러한 쓰임새로 돌아본다면, "출판 전문말"로도 "피드백"을 쓴다고 여겨야 할까 궁금합니다. 아니면, 이렇게까지 쓸 일이 없는데 이 보기글을 쓴 분이 얄딱구리한 영어로 지식 자랑을 한다고 보아야 할까 궁금합니다. 또는, 오늘날 누구나 흔히 쓰는 낱말을 이 보기글을 쓴 분이 굳이 깊이 생각할 까닭 없이 자연스레 썼다고 생각해야 할까 궁금합니다.

근 1년에 가까운 긴 시간 동안 매주 원고에 대한 피드백을 하며 필자를 독려한

→ 거의 한 해 동안 주마다 내 글을 돌려읽으며 생각을 나누고 북돋아 준

→ 한 해 가까이 주마다 글을 주고받으며 내가 더 잘 쓰도록 이끌어 준

→ 얼추 한 해 가까이 주마다 내 글을 함께 읽으며 옳은 길로 붙잡아 준

→ …

영어이든 한자말이든 써야 할 낱말이면 써야 합니다. 쓸 만

한 값어치가 있는데 쓰지 말라고 말리거나 가로막을 수 없습니다. 이와 마찬가지로, 따로 쓸 값어치가 없다면 쓸 까닭이 없을 뿐 아니라, 함부로 쓰지 말아야 합니다.

오늘날 사람들이 익히 쓰는 영어나 한자말은 어떠한 낱말일까요. 사람들은 영어이든 한자말이든 토박이말이든 쓰면서, 내가 쓰는 낱말이 얼마나 알맞거나 올바르다고 돌아볼까요. 생각을 하면서 말을 하나요. 생각을 펼치면서 글을 쓰는가요.

어느새 몇 가지 학문 갈래에서는 영어 "피드백"을 전문 낱말로 삼는데, 우리는 우리 말글을 슬기롭게 갈고닦으며 새로운 전문 낱말을 빚을 수 있었습니다. 그러나 우리는 슬기를 빛내지 않았고, 생각을 북돋우지 않았습니다.

원고 주고받기를 하면서

원고를 주고받으면서

원고 돌려읽기를 하면서

원고를 돌려읽으면서

…

여느 자리에서는 "주고받기"를 넣을 수 있습니다. 이 보기글에서는 "돌려읽기"를 넣으면 한결 잘 어울립니다. 국어사전에는 "주고받다"만 실리고 "주고받기"는 안 실립니다. "돌려읽기"는 안 실리고 "돌려읽다" 또한 안 실립니다. 그러나 우리는 이 같은 낱말을 때와 곳에 따라서 알맞게 씁니다. 그저 국어사전에서 이러한 낱말을 받아들이지 못할 뿐입니다.

축구나 농구에서 도움을 베푸는 일을 두고 "도움주기"라고 가리킵니다. 그러나 이와 함께 영어 "어시스트assist"가 꽤 쓰입니다. 아니, 운동경기 사회를 맡은 이들이 입에서 "어시스트"를 떼어내지 않으며, 선수한테 운동을 가르치는 이들 또한 입과 손과 몸에서 "어시스트"를 털지 않습니다. 배구에서 맞은편 공을 손을 뻗쳐 가로막는 일을 놓고 "가로막기"라고 가리킵니다. 그렇지만 이와 맞물려 영어 "블로킹blocking"을 퍽 자주 씁니다. 아니, 운동경기 이야기를 들려주는 사람들 손에서 "블로킹"은 사라지지 않습니다. 기자이든 전문가이든 해설가이든 누구이든 "블로킹"을 읊조립니다. 배구에서는 "건지기"나 "받아내기"라 할 수 있는 움직임을 "디그dig"라고만 가리킵니다.

생각해 보면 더 많은 운동경기에서 더 많은 영어를 찾아낼 수 있습니다. 운동경기뿐 아니라 경제나 사회나 정치나 문화나 교육이나 예술이나 과학이나…, 그리고 공사를 하는 일터에서 숱한 영어를 뇌까립니다. 수많은 일본 한자말을 읊습니다. 서로서로 더 살갑고 싱그럽게 말마디를 가다듬거나 글줄을 매만지려는 생각을 하지 않습니다. 더 나은 말로 뻗지 않고, 한결 알찬 글로 솟구쳐오르지 않습니다.

예부터 가는 말이 고우면 오는 말이 곱다고 했습니다. 말 그대로 "주고받기"입니다. 주거니 받거니 하면서 다 함께 좋은 생각을 나누고 좋은 말을 나누며 좋은 삶을 나눕니다. 나부터 스스로 좋은 삶에서 비롯하는 좋은 생각을 바탕 삼아 좋은 말을 펼치며 맞은편한테 좋은 이야기를 들려줍니다. 이러면서 맞은편은 시나브로 좋은 열매를 받아안으며 스스로 다시금 좋은 삶과 좋은 생각을 일구고, 이에 걸맞게 좋은 말을 돌려줍니다.

차근차근 북돋우는 말이요, 하나하나 되살리는 글입니다. 한꺼번에 이루는 말문화가 아니라 한 가지씩 이루는 말삶입니다. 하루아침에 이룩하는 말잔치가 아니라 날마다 꾸준히 이룩하는 말넋입니다.

피크닉 picnic 100

"좋았어. 고구마가 수북하게 한가득! P! 피크닉 가자!

「꽃과 모모씨 1」 65쪽, 다카하시 신/강동욱 옮김, 삼양출판사 2010

집에서 키우는 개나 고양이한테 토박이말로 이름을 지어 주는 사람이 있지만, 요즈음은 영어로 이름을 지어 주는 사람이 퍽 많습니다. 요즈음 많은 사람이 키우는 집개나 집고양이 가운데에는 나라밖에서 목돈을 들여 받아들인 개나 고양이가 많기 때문이기도 합니다. 마땅한 노릇이라 할 만한지 모르겠으나, 삽살이나 진돗개한테 영어로 이름을 붙이는 일은 거의 찾아볼 수 없습니다.

보기글에 나오는 "P"는 집에서 기르는 토끼한테 붙인 이름입니다. 한국사람 가운데에도 집토끼한테 이렇게 "P"라는 이름을 붙이는 분이 있을까 궁금한데, 일본사람은 이처럼 이름 붙이는 일이 흔할 수 있겠구나 싶습니다. 더욱이, 이 일본만화를 한글로 옮긴 분은 "P"를 "피"로든 "ㅍ"으로든 적바림하지 못합니다. 아니, 어찌저찌 손보거나 옮겨낼 재주가 없다 할 만합니다. 처음부터 영어로 붙인 이름인데 어떻게 할 수 있겠습니까.

피크닉 가자!

→ 소풍 가자!

→ 나들이 가자!

→ 마실 가자!

→ 바람 쐬러 가자!

→ 놀러 가자!

→ …

영어 "피크닉"을 국어사전에서 찾아보면 나오지 않습니다. 국어사전은 한국말을 담는 책이니까, "피크닉" 같은 영어를 국어사전에 실을 까닭이란 없습니다. 그러나 이 나라 국어사전에는 영어가 적잖이 실렸어요. 사람들이 제법 쓴다 할지라도 함부로 실으면 안 되지만, 더 깊이 살피지 못하며 그냥 싣고 마는 영어가 제법 많습니다.

가슴을 쓸어내리며 한숨을 쉬지만, 이내 갑갑하다고 느껴, 한숨 쉴 만한 말마디를 찾아보고야 맙니다. 그래도 궁금한 나머지 인터넷에서 "피크닉"을 찾아보니, "피크닉도시락, 피크닉바구니, 피크닉가방, 피크닉테이블, 피크닉데이, 피크닛바스켓, 피크닉펜션, 피크닉용품" 같은 낱말이 줄줄이 뜹니다. 그나마 한자말 "소풍逍風"이라도 쓰는 사람은 드물고, "소풍날"마저 아닌 "피크닉데이"이고 맙니다.

영어사전을 찾아보다가는 더 크게 놀랍니다. 아니, "picnic"

을 풀이하면서 "피크닉"을 풀이말로 버젓이 적어 놓습니다. "picnic=피크닉"인가요.

봄나들이 / 들나들이 / 꽃나들이

봄놀이 / 들놀이 / 꽃놀이

봄마실 / 들마실 / 꽃마실

…

소풍을 다니면 되는 우리인 한편, 예부터 누구나 "나들이"를 다니거나 "마실"을 했습니다. 한국사람은 한국땅에서 이곳저곳을 나들이를 하거나 마실을 합니다. 책방마실을 하거나 골목마실을 합니다. 자전거마실을 하거나 걷기마실을 합니다. 춘천마실을 하고 원주나들이를 합니다. 서울마실을 하며 여수나들이를 해요.

놀러 가서 즐길 밥이라면 "마실밥"이나 "마실도시락"이라 해 볼 수 있습니다. "마실바구니"라든지 "마실날"이라든지 "마실철"이라든지 "마실이" 같은 낱말을 하나둘 써 볼 만합니다. "마실을 하는 사람"이라는 뜻에서 "마실이"입니다. 또는 "마실꾼"이나 "나들이꾼"이라 해도 되구요.

차근차근 생각하면서 말마디를 가다듬습니다. 오순도순 사랑하면서 글줄을 살찌웁니다.

피아르PR 101

「라이프」는 위대한 그래프저널리즘의 선구였으나, 신랄한 시각으로 보았을 때는 미국의 거대한 PR지였다고도 말할 수 있을 것이다.

「보도사진가」 26쪽, 구와바라 시세이/김승곤 옮김, 타임스페이스 1991

"위대偉大한"은 "뛰어난"이나 "훌륭한"으로 다듬고, "그래프저널리즘의 선구先驅였으나"는 "그래프저널리즘을 이끌었으나"로 다듬습니다. 첫 대목은 통째로 다듬어, "「라이프」는 그래프저널리즘을 이끌던 훌륭한 잡지였으나"로 다시 씁니다. "신랄辛辣한 시각視角으로 보았을 때"는 "날카롭게 파헤쳐 보았을 때"나 "곰곰이 따져 보았을 때"로 손봅니다. "말할 수 있을 것이다"는 "말할 수 있다"로 손질합니다.

미국의 거대한 PR지였다고

→ 미국을 알리는 커다란 잡지였다고

→ 미국을 알리는 어마어마한 매체였다고

→ 미국이 내세우는 힘있는 홍보잡지였다고

→ 미국을 떠받드는 엄청난 홍보잡지였다고

→ …

미국에서 내던 사진잡지 「라이프」는 "세계를 대상으로 한다"고 이야기했지만, 미국사람이나 유럽사람이 말하는 "세계"에는 아시아나 아프리카나 중남미는 들어가지 않습니다. 지난날에는 들어갈 수조차 없었는데, 오늘날이라고 들어간다는 생각은 안 듭니다.

아무래도, 미국사람한테 읽히고 미국사람한테 팔며 미국 기업한테서 광고비를 받아서 찍어야 하는 책이니, 미국이라는 테두리와 유럽이라는 눈길을 벗어날 수 없었으리라 봅니다. 취재기자 몇 사람을 아시아로 보낸다고 하여도 그때뿐이지, 늘 머물면서 언제나 지켜보고 오래오래 함께 살아가는 이웃이 아니라 한다면, "세계를 나와 같이" 담을 수 없습니다. "이웃나라와 내 나라를 마찬가지"로 담자면, 무기를 앞세워 짓눌러서는 안 됩니다. "이웃나라 사람을 우리 마을 사람과 한동아리로" 담아내자면, 어느 한쪽이 다른 한쪽 위에 올라서서도 안 됩니다.

얄궂은 말을 뇌까리는 까닭도 이와 다르지 않습니다. 내가 들려주려고 하는 말을 듣는 사람 자리에서 생각하지 않거나 못하니까 말이 얄궂을밖에 없습니다. 듣는 사람 눈높이에서 헤아린다면, 아무 말이나 함부로 할 수도 없지만, 지식자랑에 넘쳐나는 말을 털어내어야 합니다. "다들 알겠지" 같은 생각은 아주 큰 잘못입니다. 어떻게 해야 더 가까이 다가설 수 있느냐를 살피고, 어떻게 써야 한결 살가이 껴안을 수 있느냐를 곱씹어야 합니다.

하이웨이highway 102

한 줄 선으로 이어졌던 이 도로는 이후 30여 년이 지난 오늘날 하이웨이의 확장 및 부분 포장 공사를 마쳤다.

「세계의 지붕, 자전거 타고 3만 리」 31쪽, 신상환, 금토 2000

"한 줄 선線으로"는 겹치기이니, "한 줄로"로 고쳐 줍니다. "이후以後"는 "그 뒤"나 "그때부터"로 다듬고, "확장擴張 및 부분部分 포장鋪裝"은 "넓히고 군데군데 다지는"으로 다듬어 봅니다.

마땅한 소리이지만, 국어사전에는 "하이웨이"라는 낱말이 실리지 않습니다. 그래서 영어사전을 뒤적여 이 낱말을 살펴봅니다. 영어사전을 펼쳐 "하이웨이highway" 뜻풀이를 읽어 봅니다. "간선 도로"부터 "탄탄대로"까지 실리지만, 우리가 이 낱말 "하이웨이"를 쓸 때 생각하는 "고속도로"라는 풀이는 달리지 않습니다.

빠른 길

너른 길 / 널찍한 길

탄탄한 길

큰길 / 한길

문득 궁금해집니다. "하이웨이" 같은 낱말을 쓰신 분은 무슨 생각으로, 어떤 마음으로, 어떠한 뜻을 담아서 이 낱말을 쓰셨을까요. "하이웨이"가 아니면 당신 속내를 밝힐 수 없었을까요. 꼭 "하이웨이"여야만 글을 쓸 수 있었을까요.

이 도로는 오늘날 하이웨이의 확장 및 부분 포장 공사를 마쳤다

→ 이 길은 오늘날 크고 시원하게 넓히고 바닥까지 다졌다

→ 이 길은 오늘날 널찍하게 바뀌었고 바닥도 다져져 있다

→ 이 길은 오늘날 넓고 시원한 길로 바뀌었다

→ 이 길은 오늘날 넓고 시원하고 고르게 바뀌었다

→ …

생각해 보면, 길은 "길"이기에, 도로이건 고속도로이건 간선도로이건 하이웨이건, 한 마디로 "길"이라고 하면 됩니다. 그저 길은 "길"이니, 이도 저도 꾸밈말을 덧달지 않고 "길"이라 하면 넉넉합니다.

길이 넓으면 "한길"이나 "큰길"이라고 이름을 붙입니다. 말 그대로 "넓은 길"이나 "너른 길"이라 해도 잘 어울립니다. "널찍한 길"이라 해도 좋고, "시원한 길"이라 해도 괜찮습니다. 빨리 달릴 수 있는 길이라면 "빠른 길"이라 할 수 있으며, 조금 길더라도 "빨리 달릴 수 있는 길"이라고 적을 수 있어요.

"-道路"를 뒷가지로 삼아서 "간선도로-지방도로-고속도로"

같은 새 낱말을 지을 수 있듯, "-길"을 뒷가지로 삼아서 "큰길-시골길-빠른길" 같은 낱말을 알맞게 지으며 국어사전에도 싣고 널리널리 쓸 수 있습니다.

차가 다니니 "찻길"입니다. "차도車道"가 아닙니다. 사람이 다니니 "사람길"입니다. "인도人道"가 아닙니다. 거니는 길이니 "거님길"입니다. "보행로步行路"가 아닙니다. 자전거가 다녀서 "자전거길"입니다. "자전거도로道路"가 아닙니다. 버스가 다녀서 "버스길"입니다. "버스전용차선專用車線"이라 하지 않아도 됩니다.

빠른길 / 느린길

좁은길 / 넓은길

트인길 / 막힌길

…

푸지고 살뜰히 말을 가꾸거나 살리면, 어줍잖게 "하이웨이"를 쓰는 일이 없으리라 생각합니다. 아름답고 즐겁게 글을 보듬거나 돌보면, 어설프게 갖가지 미국말을 아무 데나 함부로 쓰는 일은 사라지리라 생각합니다.

하이킹hiking 103

그리고 하이킹을 하고 대합조개를 먹으며 가족 이야기를 나누었다…. 그 부부는 클레어에게 일 주일 간 프랑스 해안으로 엘더호스텔의 걷기여행을 떠날 거라는 이야기를 전했다.

「자연 관찰 일기」 60-61쪽, 클레어 워커 레슬리·찰스 E.로스/박현주 옮김, 검둥소 2008

"가족家族"은 "식구"로 고칩니다. "일 주일 간一 週日 間"은 "한 주 동안"으로 손봅니다. "해안海岸"은 "바닷가"로 손질하고, "엘더호스텔의 걷기여행"은 "엘더호스텔이 마련한 걷기여행"으로 손질합니다. "떠날 거라는 이야기를 전傳했다"는 "떠난다는 이야기를 들려주었다"로 다듬어 줍니다.

하이킹을 하고 (x)
걷기여행을 떠날 거라는 (o)

걸어서 여행을 하는 한국사람들은 "걷기여행"이라고 합니다. 한국말로는 "걷기여행"이고, "걸어서 나들이"입니다. 일본사람들은 "도보徒步여행"이라고 합니다. 미국사람들은 "하이킹hiking"이라고 합니다.

국어사전을 살펴보니 "하이킹" 보기글로 "하이킹 코스"와

"하이킹이라도 나선 차림"을 듭니다. "하이킹 코스"는 "걸을 만한 길"로 손질하고, "하이킹이라도 나선 차림"은 "마실이라도 나선 차림"으로 다듬어 봅니다.

우리는 한국말을 하는 한국사람이지만, 한국말이 아닌 일본말도 하고 미국말도 합니다. 요즈음 사람들은 닭튀김 가게에 즐겨 갑니다만, 그곳에서 "닭튀김"을 "달라는 사람이 몇이나 되나요. 으레 "치킨"이나 "치킨프라이"만 찾습니다. 나이든 분이나 젊은 사람이나 모두 마찬가지입니다.

나이든 분은 나이든 분대로, 입에 익어서 못 고칩니다. 나이든 깊이와 슬기를 헤아려 보자면, 걸러낼 말은 걸러내고 고쳐야 할 말은 고쳐야 하지만, 좀처럼 몸을 움직이지 못하십니다.

젊은 사람은 젊은 사람대로, 어른들 말투를 고스란히 따릅니다. 어르신한테서 듣는 말이 얼마나 알맞거나 올바른지 가누고, 얼마나 살갑거나 아름다운지를 찬찬히 돌아보거나 되새기면서, 우리 나름대로 말 문화를 가꾸어야 할 터이나, 이렇게 나아가지 못합니다.

스스로 찾으려고 해야 길이 보인다고 했습니다. 스스로 애써야 비로소 하느님이든 부처님이든 사랑스러운 손길을 슬그머니 내밀면서 도와준다고 했습니다. 스스로 찾을 좋은 말이어야 하고, 스스로 가꾸는 고운 글이어야 하며, 스스로 다스리는 착한 삶이어야 합니다.

해피happy 104

그래도 하루아마는 기분이 들떠 "아아, 부럽다. 이 녀석들 보고 있으면 끝내 주게 해피해진단 말이야." 하고 김빠진 목소리로 말한다. "글쎄, 뭐가 해피해져?"

「졸업」 59쪽, 시게마츠 기요시/고향옥 옮김, 양철북 2007

인터넷에서 "해피"라는 말을 치면 "해피한교육", "해피한유러닝", "해피 투게더", "해피 게임", "해피라이프 변액연금", "해피 선데이"…, "해피"를 앞에 붙인 말이 여러모로 뜹니다. 아예 "해피엔딩 노년의 인생학"이나 "해피 버스데이"라는 이름을 달고 나오는 책마저 보입니다.

해피해진단 말이야

→ 즐거워진단 말이야

→ 신난단 말이야

→ 좋아진단 말이야

→ …

영어 쓰기를 좋아하기로는 일본사람이나 한국사람이나 엎치락뒤치락입니다. 어느 쪽이 더 좋아하는지는 알 수 없습니다.

어쩌면, 두 나라 사람들은 제 나라 말을 안 좋아하기로도 엎치락뒤치락인지 모릅니다. 제 땅 제 겨레 제 삶터 제 목숨 제 이웃 제 동무 사랑하지 않기로도 뒤죽박죽인지 모릅니다.

"즐거운 배움"도, "즐거이 함께"도, "즐거운 놀이"도, "즐거운 삶"도, "즐거운 일요일"도, "즐거운 생일"도 헤아리기 싫은지 모릅니다. 아니, 우리 말 "즐겁다"와 "기쁘다"로는 내 마음자리와 생각밭을 찬찬히 담아낼 수 없다고 여기는지 모릅니다.

해피 버스데이 투 유 (x)

생일 축하합니다 (o)

영어가 좋으면 영어 노래도 부르고 영어 이름도 지을 수 있습니다. 태어난 날을 "생일" 아닌 "버스데이"라 가리킬 수 있습니다. 이름짓기 하는 사람 마음이며, 생일축하 하려는 사람 뜻입니다. "너한테"라 말하지 않고 "투 유"라 말할 수 있어요. "너한테"나 "네게"라는 초콜릿이 아닌 "투유" 초콜릿이듯. "사랑스러운 집"이 아닌 "러브하우스"라 하듯. "학교버스"는 안 타고 "스쿨버스"만 타듯.

저마다 익숙한 대로 살아가며 말을 합니다. 저마다 살고픈 대로 생각하며 글을 씁니다. 저마다 바라는 대로 느끼며 이야기를 나눕니다. 저마다 제멋을 살찌우고 싶은 대로 꿈을 꾸며 책을 읽고, 저마다 배운 대로, 저마다 살아가는 모습 그대로,

우리 겨레 말글을 헤아리고 익혀서 아이들한테 물려줍니다.

해피!

→ 행복해요 / 행복해 / 행복하지 그럼

→ 좋아요 / 좋아 / 좋고말고 / 아주 좋아

→ 기뻐요 / 기뻐 / 더없이 기뻐

→ 뿌듯해요 / 보람차요

→ 즐거워요 / 즐겁지 / 얼마나 즐거운데

→ …

그러고 보니, 언젠가 스쳐 지나가듯 본 텔레비전에서 어느 빵집 아주머니가 "해피!" 하고 외치던 말이 문득 떠오릅니다. 예전에는 장사가 잘 안 되었으나 이제는 이웃들한테서 도움을 받아 아주 잘된다면서 활짝 웃는 얼굴로 "해피!"라 하시는 모습을 보고는, 얼마나 즐거우시면 저런 말을 다 하실까 싶은 한편, 방송사에서 시킨 말이 아닐까 싶기도 하고, 언제부터 빵집 아주머니까지 "해피"를 아무렇지도 않게 말하게 되었나 궁금했습니다. 아니, 가슴이 시렸습니다.

지난날 강아지 이름으로 곧잘 지어 붙이던 "해피"입니다. 요즈음에도 강아지 이름을 "해피"라 붙이는 분이 있는지 모르겠는데, 제 어릴 적, 1980년대에는 "해피라면"이 나와서 꽤 팔리곤 했습니다. 이 라면 한 봉지가 90원이었던 일이 떠오르고 값은 100원이나 동네 가게에서는 늘 10원을 에누리해 주었기에, 오래지 않아 사라져 버린 일도 떠오릅니다. 이무렵 다른 라면은 "쇠고기맛 라면"이니 "소고기맛 라면"이니 했습니다. 이제와 돌아보자면 "쇠고기맛"이든 "소고기맛"이든 우리 말로 알맞게 붙인 이름입니다. "해피"라면이란 참 어설프거나 엉뚱한 이름이에요. 그렇지만 어린 날에는 라면이름조차 영어로 지어 붙인 식품회사 생각머리가 얄딱구리한 줄을 생각하지 못했습니다. 라면이름뿐 아니라 수많은 과자이름이며 빵이름이며 사탕이름이며 초콜릿이름이며, 영어 아닌 이름 찾기가 어려웠으나, 이런 이름을 살뜰히 헤아린 적이 없습니다. 담배이름이나 술이름 또한 줄줄줄 영어로 된 이름을 붙였을 텐데, 이런 이름이 얄딱구리하다고 느끼지 않았습니다. 아버지 심부름으로 담배를 사올 때에 "해" 담배가 아닌 "썬sun" 담배를 사는 일이 얼마나 바보스러운 일인지 못 느꼈어요.

온누리가 영어바람에 휩쓸립니다. 영어 아니면 안 되는 듯 여깁니다. 공문서를 영어로 함께 쓰라고 시킵니다. 초등학교와 유치원은 밖과 안을 온통 영어 무늬와 글자를 붙여서 꾸밉니다. 잉글리쉬 존을 만들기도 하지만, 학교 밖 가게들도 한결같이 영어 글자를 앞세운 큼지막한 간판을 내다 겁니다.

아이들한테 입히는 옷을 만드는 회사 또한 "즐거운 나라"가 아닌 "해피랜드"입니다. "좋은 세상"이나 "기쁜 누리" 또한 아닌 "해피! 해피랜드"입니다.

허브hub 105

오늘날 캐나다 오지마을 중의 하나로 남아 있는 뱀필드에게는 어울릴 것 같지 않지만, 뱀필드는 한때 세계 통신기술의 허브이기도 했습니다.

「숲과 연어가 내 아이를 키웠다」 19쪽, 탁광일, 뿌리깊은나무 2007

"오지奧地마을 중中의 하나"는 "두메마을 가운데 하나"나 "끄트머리 가운데 하나"로 다듬습니다. "어울릴 것 같지 않지만"은 "어울릴 듯하지 않지만"이나 "어울리지 않지만"으로 손봅니다.

세계 통신기술의 허브이기도
→ 세계 통신기술이 모이는 곳이기도
→ 세계 통신기술에서 중심이기도
→ 세계 통신기술에서 한 축이기도
→ 세계 통신기술을 잇는 고리이기도
→ 세계 통신기술을 어우르는 징검다리이기도
→ …

몇 해 앞서부터 인천은 "동북아 허브 도시"라는 말을 입에

겁니다. 시장이며 공무원이며 언론이며 모두들 “허브 도시”가 어떻고 하는 이야기를 읊조립니다. 그러나 어느 누구도 “허브” 노릇을 하는 도시에 무엇이 있고, 어떤 사람이 살며, 이곳에서 사는 사람은 어떤 일을 하는지 들을 찬찬히 밝히거나 말하지 않습니다. 온누리 곳곳에서 “허브” 구실을 하는 곳은 어떤 모양이고 어떤 문화를 일구며 어떤 삶터가 자리하는지 돌아보지 않습니다. 그리고, 인천이 왜 “허브” 몫을 해야 하는가는 다루지 않습니다. “허브”라 할 만한 곳이 꼭 있어야 하는가를 되묻지 않습니다. 떠도는 말처럼, 바람결에 날리는 가랑잎처럼, 지난 한철에는 “중심지中心地”라고 하다가, 오늘날에 와서는 “허브hub”라고 읊지 않느냐 싶습니다.

미국말 “허브”와 함께 “메카Mecca”라는 사우디아라비아 땅이름을 곧잘 듣곤 합니다. “메카”도 “허브”와 마찬가지로 “중심지”를 가리킬 때에 씁니다.

복판 / 가운데

한복판 / 한가운데

“중심”은 “한가운데”를 가리킵니다. 토박이말 “한가운데”를 한자말로 일컬어 “中心”으로 쓰는 셈입니다. 그렇지만, 한자말 “중심”을 쓰는 사람들 가운데 어느 누구도, 또 이 한자말 “중심” 뒤에 고작 “-地”를 붙였을 뿐인 “중심지”라는 낱말을 쓰는 분들 어느 누구도, 이러한 한자말에 남다른 어떤 뜻이 담기지 않은 줄을 깨닫지 못합니다. 아니, 깨달으려고 하지 않습니다. 우리 말을 살려 보고자, 우리 말을 북돋워 보고자, 우리 삶과 생각과 일놀이를 담아내 보고자 하지 않아요.

우리한테는 "복판"과 "가운데"라는 낱말이 있고, 이 앞에 "한-"을 붙여서 "한복판"과 "한가운데"처럼 쓰는 낱말이 있으나, 이러한 낱말에 새로운 뜻을 달지 않습니다. 새로운 흐름과 누리와 문화에 걸맞게 새 쓰임새를 붙이지 않습니다. 그저 똑같이 바라보고, 그예 옛날에 쓰던 그대로만 쓰면 될 뿐이라고 여깁니다. 내 보배는 돌아보지 않고, 밖에 있는 보배로만 눈을 돌립니다. 내 삶터를 밝게 키우는 말을 쓰기보다는, 내 삶터에 껍데기를 들씌우는 바깥말로만 살아가려고 합니다.

허브hub

1. 〔기계〕 자전거 바퀴의 살이 모여 있는 중심축

2. 〔컴퓨터〕 신호를 여러 개의 다른 선으로 분산시켜 내보낼 수 있는 장치

3. 중심이 되는 곳

– 관광 허브 / 금융 허브 / 부산과 광양은 동북아의 허브로 성장할 수 있다

홈스테이homestay 106

<u>티베트 사람들의 집에 한두 명씩 홈스테이를 했어요.</u> 전 남자고 키도 크잖아요. 집이 너무 작아 처음에는 우리가 머무는 것이 미안했는데, 오히려 우리가 조금이라도 불편할까 봐 세심하게 배려해 주시는 가족들의 마음에 지금은 진짜 가족처럼 편안해졌어요.

「희망을 여행하라」 387쪽, 이매진피스 임영신·이혜영, 소나무 2009

"티베트 사람들의 집에"는 "티베트 사람들 집에"나 "티베트 사람들이 사는 집에"로 다듬고, "한두 명名씩"은 "한두 사람씩"으로 다듬습니다. "우리가 머무는 것이"는 "우리가 머무는 일이"나 "우리가 머문다 했을 때"로 손보고, "불편不便할까"는 "어려워할까"나 "힘들어할까"로 손보며, "세심細心하게 배려配慮해"는 "차근차근 살펴"나 "꼼꼼히 헤아려"나 "깊이 마음써"로 손봅니다. "가족家族들의 마음에"는 "식구들 마음에"로 손질할 수 있는데 바로 앞에 "마음쓰다"를 뜻하는 한자말 "배려"가 있으니 이 대목은 "차근차근 살펴 주시는 식구들 모습에"나 "꼼꼼히 헤아려 주시는 식구들 모습에"로 손질하면 한결 낫습니다. "가족家族처럼"은 "한식구처럼"이나 "살붙이처럼"으로 고쳐쓰고, "편안便安해졌어요"는 "느긋해졌어요"나 "푸근해졌어요"나 "좋아졌어요"로 고쳐씁니다.

티베트 사람들의 집에 홈스테이를 했어요

→ 티베트 사람들 집에서 지냈어요

→ 티베트 사람들 집에서 머물렀어요

→ 티베트 사람들 집에서 함께 살았어요

→ 티베트 사람들 집에서 함께 지냈어요

→ …

미국말이라고 하는 "홈스테이homestay"이지만, 이 미국말은 오늘날 우리한테는 미국말이 아닌 여느 말로 자리를 잡습니다. 중앙부처 한국관광공사에서 정책을 내놓을 때에도 버젓이 "홈스테이"라는 낱말이 나타나지만, 관광회사에서도 으레 "홈스테이"를 말하고, 나라밖으로 배우러 가는 사람들을 이끄는 모임에서도 흔히 "홈스테이"를 이야기합니다.

어쩌다가 이렇게까지 말이 바뀌었는지 알쏭달쏭합니다만, 알쏭달쏭하다고 느끼는 사람은 저처럼 한국땅에서만 지내는 사람들뿐이 아닌가 싶습니다. 나라밖으로 손쉽게 나다니는 사람들한테는 "홈스테이"라는 낱말이 익숙할 뿐 아니라 자연스럽고, 지난날 쓰던 "민박民泊"은 어쩐지 시골스럽다거나 어울리지 않는다고 여기지 싶습니다. 요즈음 젊은이나 어린이들이라면 "홈스테이"라는 낱말은 알아도 "민박"이라는 낱말은 모르지 싶어요.

생각해 보면, "민박"은 여행을 하며 묵는 여느 살림집을 가리킨달 수 있습니다. 그러니, 나라밖으로 배우러 간다고 하는 자리에서는 걸맞지 않다고 여길 만합니다. 그런데, 이 보기글을 살피면 "관광"을 하는 사람들이 "홈스테이"를 한다고 했습니다. 그러면, 이 보기글에서는 "민박"이라고 해야 올바르지 않았을까요? 아니, 마땅히 "민박"이라고 해야 하지 않았을는지요?

각 가정별로 직접 면접을 하여 홈스테이를 정하게 된다

→ 집마다 따로 면접을 하며 머물 집을 잡는다

→ 살림집마다 한 곳씩 면접을 하며 함께 지낼 집을 잡는다

중산층 가정의 홈스테이를 통해

→ 중산층 집에서 함께 지내면서

→ 중산층 살림집에서 먹고자면서

→ …

미국말 "homestay"를 곰곰이 생각해 봅니다. 오늘날 삶터에서 이 같은 미국말을 써야 한다면 쓸 노릇입니다. 다만, 이 말을 쓰기 앞서 이 낱말이 어떻게 짜였고 어느 자리에서 왜 쓰는가는 차근차근 돌아볼 수 있으면 좋겠습니다.

먼저, 낱말 짜임새를 들여다보면, "집(home)+머물기(stay)"입니다. 우리야 이 낱말 "homestay"가 바깥말이지만, 이 낱말을 지어서 쓰는 미국사람한테는 제 나라 말입니다. 미국사람으

로서는 미국땅에서 미국 이웃하고 살아가면서 저절로 튀어나와 주고받는 말마디입니다.

"집머물기"인 "homestay"라 한다면, 미국사람이 한국에 왔을 때에는 어떤 말을 써야 알맞을까를 곱씹어 봅니다. 더욱이, 한국말을 익히고 한국 문화를 살피며 한국사람하고 어울리고자 하는 미국사람한테, 우리는 미국사람이 아는 미국말 "homestay"를 어떤 우리 말로 풀어내거나 옮겨내어 가르치거나 일러 주어야 좋을까요. 그냥 한글로 "홈스테이"라고 적으면 될까요?

아직 영어에 익숙하지 않거나 영어를 처음 배우는 어린이한테 "나라밖으로 가서 지낼 때 머무는 집에서 홈스테이를 한다"고 이야기를 하는 자리를 떠올려 봅니다. 이때에 어른들은 아이들한테 "홈스테이"가 어떤 일이요 어떤 모습이라고 들려주겠습니까.

아동을 입양한 가정에서 홈스테이를 하며
→ 어린이를 입양한 집에서 함께 머물며
→ 어린이를 입양한 집에서 함께 지내며
→ 어린이를 입양한 집에서 같이 살면서

유학생과 홈스테이를 매칭시켜 선정해준다고 한다
→ 유학생과 머물 집을 이어 준다고 한다

→ 유학생과 먹고잘 집을 맺어 준다고 한다

→ …

가난한 살림이라 나라밖 나들이는 꿈조차 꾸지 않아서 "homestay"를 생각해 본 적이 없다 보니, 둘레에서 이런 말을 쓰든 저런 영어를 읊든 그러려니 하고 지나치곤 했습니다. 그런데 요즈음은 나라밖 나들이뿐 아니라 나라안 나들이에서도 "민박"이라는 낱말은 거의 자취를 감춥니다. 이제 "민박집에 간다"고는 말하지 않고 "홈스테이를 한다"고 말합니다. 시골집이든 도시집이든 "여느 사람 살아가는 살림집"에 찾아가면서도 "살림집"이라는 낱말을 안 쓰고 "홈스테이"라는 낱말만 씁니다.

그러고 보면, "홈스테이"라는 낱말로 그치지 않습니다. 제 이야기입니다만, 저는 보리술을 마시건 무슨 마실거리를 마시건 "병따개"만을 찾습니다. 그러나 제 둘레 동무나 선후배들은 "오프너"만 찾습니다. 언제부터인가는 제가 꺼내는 "병따개"라는 낱말을 못 알아듣기까지 합니다. "병따개"라는 낱말은 태어나서 처음 들었다고 하는 선후배를 만난 적이 있으며, 제 어릴 적 고향동무들은 "야, "병따개"라는 말이 있었냐? 몰랐어?" 하고 읊조리기까지 합니다. 이 녀석들은 어릴 적에 같이 어울리고 놀며 "병따개"라고만 말했는데, 어느새 말이고 삶이고 온통 뒤바뀌어 버리더군요.

집머물기

여느집살이 / 살림집살이

…

영어 말뜻을 곧이곧대로 옮기면 "집머물기"입니다. 그렇지만 이대로 쓰자고 할 수는 없다고 느낍니다. 뭐, 이대로도 좋다고 한다면 얼마든지 쓸 수 있겠지요. 그러나 이보다는 "여느집살이"라든지 "살림집살이"처럼 새말을 빚을 때가 더 어울린다고 느낍니다. 꼭 한 낱말로 써야 하는 자리라 한다면 이런 말도 쓸 만할 테지만, 더 생각하고 더 살펴 한결 잘 어울리는 낱말을 빚을 수 있으면 좋겠어요.

가볍게 이야기를 주고받거나 줄줄줄 이야기를 펼치는 자리에서는, 굳이 이런저런 새말을 빚기보다는 글월과 말마디에 살며시 녹여내면 됩니다. "여느 살림집에서 함께 먹고자면서"라든지 "여느 집에서 같이 지내면서"라든지 "여느 집에서 스스럼없이 어울리면서"라든지 하면서, 스스럼없이 사랑스러운 말을 생각합니다.

휠wheel 107

먼지 한 점 없이 반짝거리는 은빛 휠은 눈이 부셨다.

「초딩, 자전거길을 만들다」 8쪽, 박남정, 소나무 2008

우리 나라에서 자전거를 타며 일터나 학교를 오가는 분이 썩 많지는 않습니다만, 이 나라에 자전거가 들어온 지는 제법 되었습니다. 그래서 자전거 부속을 가리키는 이름은 그럭저럭 토박이말로 붙었습니다. 다만, 날이 갈수록 이런 자전거 부속 이름이 영어로 바뀐다고 느낍니다. 안장을 "시트"로, 안장대를 "싯포스트"로, 손잡이를 "핸들"로 쓰는데다가, 바퀴를 "타이어"로 쓰며, 바퀴살은 "림"으로 씁니다.

은빛 휠은
→ 은빛 바퀴는
→ 은빛 바퀴살은
→ …

예전 분들은, 아니 글을 쓰는 예전 분들은 "은륜銀輪"이라는 말을 썼습니다. 요즈음도 글을 쓰는 분들 사이에서 "은륜" 소리를 곧잘 듣습니다.

은으로 된 바퀴처럼 보인다고, 햇볕에 비치어 반짝거리는 바퀴대와 바퀴살이라며, 이렇게 한자로 적었습니다.

책을 "책"이라 하지 않고 "冊"으로 적거나, "書籍"으로 적는 글투하고 비슷하다고 느낍니다. 사람을 "사람"이라 하지 않고 "人間"으로 적는 글투하고 닮았다고 느낍니다. 삶을 "삶"이라 하지 않고 "人生"으로 적는 글투와 마찬가지라고 느낍니다.

힌트hint 108

그래도 머리를 싸매는 학생에게는 마음씨 좋게 힌트를 주고, 정답을 다 채운 시험지에는 커다랗게 "OK!"라고 적어 놓고는…

「허수아비의 여름휴가」 16쪽, 시게마츠 기요시/오유리 옮김, 양철북 2006

"OK!"는 "됐어!"나 "잘했어!"로 손질해 줍니다. 또는 "훌륭해!"나 "좋군!"으로 손질합니다.

힌트를 주고

→ 도움말을 건네고

→ 도와주고

→ 귀띔을 하고

→ 실마리를 알려주고

→ …

국어사전에 올림말로 실리기도 하는 "힌트"입니다. 이제는 바깥말이 아닌 한국말로 쳐도 무어라 할 사람이 없을 만한 "힌트"입니다. 다시 한 번 생각해 봅니다. 참으로 "힌트"가 우리나라 사전에 올려놓을 만한 낱말인지 궁금합니다. "힌트"가 이겨레 말글이나 문화를 북돋우는지 잘 모르겠습니다. "힌트"라는 낱말을 쓰지 않으면 이 낱말이 가리키는 뜻이나 느낌을 이야기할 수 없는가 모를 노릇입니다.

힌트를 얻다 → 도움을 얻다

힌트를 주다 → 도움을 주다

힌트를 받아 → 도움을 받아

국어사전을 뒤적이면, "도움"을 올림말로 싣고, 낱말뜻으로는 "남을 돕는 일"이라고 붙여놓습니다. "도움"은 돕는 일을 가리킵니다. 그리고, 우리가 "힌트"라는 미국말을 쓸 때와 마찬가지로, "실마리를 알려주는 일"이나 "어려움을 풀어 나가는 실마리"도 "도움"입니다.

맺음말

우리 말 사랑 북돋우는 법?

나라에서는 어마어마하게 많은 돈을 들여 학교마다 영어를 더 잘 가르치도록 힘을 쏟습니다. 영어를 얼마나 잘 다룰 줄 아느냐를 살피는 시험제도를 마련하고, 이러한 시험제도로 대학 입시를 치른다고도 합니다. 다른 한편으로는 학교마다 한자 지식 교육을 늘리겠다는 법을 만들려는 움직임을 보여줍니다. 이러면서 한국사람이 한국땅에서 한국사람이랑 한국말을 오순도순 주고받거나 살찌우는 길을 북돋우는 '법률'을 마련하거나 '제도'를 뒷받침하는 일이란 없습니다.

구태여 '한글사랑법'을 마련하지 않아도 됩니다만, 나는 이러한 이 나라 모습을 아주 마땅하다고 여깁니다. 왜냐하면, 온 나라가 온통 경제개발과 관광개발에 쏠렸기 때문입니다. 애써 네 갈래 큰 물줄기를 돌아보지 않아도 됩니다. 커다란 물줄기 네 곳을 손질하는 일 한 가지만 엉터리라 할 수 없습니다. 모든 개발과 재개발과 경제개발이 엉터리가 아닌가 싶습니다. 사회이며 정치이며 교육이며 문화이며 운동경기이며, 어느 곳이 엉터리 아니겠느냐 싶어요.

군대는 평화를 지키지 않습니다. 군대가 있기 때문에 전쟁을 벌입니다. 무기를 만들었으니 무기를 쓰려고 전쟁을 벌입니다. 무기가 없으면 전쟁을 벌이지 않고, 무기가 없으니 군대가 없을 테며, 군대가 없는 곳에는 전쟁이란 발붙이지 못합니다. 그러니까, 대학교가 있기에 학벌이 생기고, 학벌이 생기니까 입시지옥이 뒤따르며, 입시지옥과 맞물려 학력차별이나 비정규직이 나타납니다. 사람들은 누구나 "기본 보통 교육"을 알맞게 받으면서 저마다 제 보금자리를 사랑하며 살아갈 수 있을 때에 즐거우면서 아름다우리라 생각합니다. 대학교 졸업장을 거머쥔대서 즐겁지 않아요. 미국으로 배움길을 떠난 뒤 돌아와서 영어를 아주 훌륭히 읊을 수 있다 해서 아름답지 않아요. 마음밭에 사랑이 없고 생각밭에 믿음이 없을 때에는 즐거움이건 아름다움이건 깃들지 못해요.

지식은 사람을 가꾸지 않습니다. 영어는 세계시민 지름길이나 보증수표나 신분증이 될 수 없습니다. 내 손으로 일구는 삶을 누리며 얻은 슬기가 사람을 가꿉니다. 영어를 모르고 한글 맞춤법을 모르며 띄어쓰기를 잘 모른달지라도, 착하거나 참답거나 고운 마음씨로 살아가는 사람이라면 더할 나위 없이 어여쁜 지구별 겨레붙이가 된다고 느껴요.

전문 사진쟁이가 되어야 지구별 곳곳을 누비며 아름답다 싶은 사진을 찍지 않습니다. 전문 사진쟁이가 아닌 수수한 여느 사람으로서 착하고 참다우며 고운 사랑을 따숩게 보듬을 때에 비로소 아름답다 싶은 사진을 찍습니다.

영어를 배우려는 분들이 영어를 참말 왜 배우고 어떻게 배우며 어디에서 누구하고 나눌 뜻으로 배우는가를 돌아보면 좋겠습니다. 무슨 까닭으로 영어를 배우거나 가르치는가를 헤아리면 좋겠습니다. 한국사람이 한국땅에서 배우거나 가르치는 영어는 참말 영어다운 영어인지 생각하면 좋겠습니다. 영어를 알뜰히 배우거나 가르치는 한국사람이 한국땅에서 이웃이나 동무하고 어떤 말과 글을 나눌 때에 즐겁거나 아름다울까 하고 곱씹으면 좋겠습니다.

어린이부터 어른까지 "진선미"가 아니라 "착함·참다움·고움"을 사랑하며 즐길 수 있기를 빌어 마지 않습니다. "우리 말 사랑 북돋우는 법"은 없습니다. 내 삶을 착하게 사랑하고 참다이 돌보며 곱게 보듬을 줄 알면 넉넉해요. 착한 사람이 착한 넋으로 착한 말을 나눕니다.

생각하기에 따라 꿈은 달라지고,

달라지는 꿈에 따라 삶이 새로워집니다.

삶이 새로워질 때에는 하루하루

새삼스러우면서 기쁘고 반가우며 고맙습니다.

하루하루 새삼스럽게 기쁘고 반가우며 고마울 때에는,

우리 입에서 터져나오고 우리 손에서 샘솟는 말글은

하나하나 알차고 티없으며 싱그럽게 뿌리를 내립니다.